이별도 해 봤고, 인생도 망해 봤지만,
그래서 어쩌라고요?

이별도 해 봤고, 인생도 망해 봤지만,
그래서 어쩌라고요?

1판 1쇄 발행 2025년 3월 26일

저자 김보정

교정 신선미   **편집** 문서아   **마케팅·지원** 김혜지

펴낸곳 (주)하움출판사   **펴낸이** 문현광

이메일 haum1000@naver.com   **홈페이지** haum.kr
블로그 blog.naver.com/haum1000   **인스타그램** @haum1007

ISBN 979-11-7374-036-7(03190)

좋은 책을 만들겠습니다.
하움출판사는 독자 여러분의 의견에 항상 귀 기울이고 있습니다.
파본은 구입처에서 교환해 드립니다.

이 책은 저작권법에 따라 보호받는 저작물이므로 무단전재와 무단복제를 금지하며,
이 책 내용의 전부 또는 일부를 이용하려면 반드시 저작권자의 서면동의를 받아야 합니다.

이별도 해 봤고, 인생도 망해 봤지만,

그래서
어쩌라고요?

프롤로그 결국, 나를 믿고 가는 것   7

Chapter 1   이별도 했고, 상처도 받았지만, 안 죽더라

1장 이별 후, 나는 어디로 가야 할까?   12

2장 아무리 노력해도 나를 사랑해 주지 않는 사람들   18

3장 가족이지만, 가장 멀게 느껴지는 순간   23

4장 나는 왜 항상 손해 보는 관계를 맺을까?   29

5장 함께 있을 때 더 외로운 관계, 이제는 끝내야 할까?   35

6장 나는 왜 항상 같은 실수를 반복할까?   41

7장 어릴 적 나에게 미안한 마음이 들 때   46

8장 내가 원하는 삶이 아닌, 타인이 원하는 삶을 살고 있을 때   52

9장 꿈을 이루고 싶은데, 왜 용기가 나지 않을까?   57

10장 언제까지 좋은 사람으로 살아야 할까?   62

11장 내가 선택한 길이 맞는 걸까?   67

12장 어른이 된다는 건, 그냥 버티는 걸까?   73

13장 나는 왜 내가 원하는 걸 잘 모를까?   78

14장 세상은 내 생각보다 더 공평하지 않다   84

15장 그래도, 결국 살아지는 거더라   90

Chapter 2   인생을 바꾸는 현실적인 방법

1장 변화는 언제 시작되는 걸까?   96
2장 운이 좋아지는 사람들의 비밀   102
3장 부자가 되는 사람들의 공통점   107
4장 좋아하는 일 vs 돈 되는 일 - 당신은 어떤 삶을 선택할 것인가?   113
5장 무조건 써먹을 수 있는 협상의 기술   120
6장 인맥을 만들지 않아도, 기회가 오는 사람들의 특징   127
7장 직장에서 인정받는 법 - 말투 하나로 바뀐다   133
8장 시간을 지배하는 사람들의 습관   139
9장 자기계발에 미쳐 본 사람들은 어떻게 변했을까?   144
10장 나에게 맞는 직업과 커리어 찾기   149
11장 억만장자들이 공통적으로 하는 3가지 습관   154
12장 일을 잘하는 사람과 못하는 사람의 차이   159
13장 실패를 기회로 만드는 사람들의 마인드셋   164
14장 '하고 싶은 일'이 없어도, 성공할 수 있다   170
15장 인생은 결국, 실행하는 사람이 이긴다   175

Chapter 3 나도 이제 나를 좀 챙겨 볼까?

1장 나를 마주하는 용기 - '마음 여행의 첫걸음'   182
2장 마음의 짐을 덜어내는 연습 - 가벼워지는 여행   187
3장 비교의 늪에서 벗어나는 법 - 나만의 속도로 걷는 여행   192
4장 상처를 품고 살아가는 법 - 흉터가 나를 더 단단하게 만든다   197
5장 지금 이 순간을 온전히 살아가는 법   202
6장 남들의 평가에서 자유로워지는 법   206
7장 스스로를 사랑하는 연습   212
8장 나만의 루틴 만들기   218
9장 자존감을 키우는 현실적인 방법   222
10장 감사의 힘 - 작은 것에서 행복 찾기   228
11장 내가 가진 것들에 대한 재발견   234
12장 불안과 걱정을 다루는 법   239
13장 행복을 습관으로 만드는 법   244
14장 인생을 즐기는 기술   249
15장 결국, 나를 믿고 가는 것   254

에필로그 어차피 인생, 끝까지 가야지   259

프롤로그
결국, 나를 믿고 가는 것

"자, 솔직히 말해 보자."
지금 이 책을 펼친 당신, 마음속으로 이런 질문 하나쯤 떠올리지 않았나?
'이 길이 맞는 걸까?'
'나는 잘살고 있는 걸까?'
'진짜 성공하려면 어떻게 해야 하지?'

아니면, 더 현실적인 고민일 수도 있다.
"돈은 언제쯤 벌릴까요?"
"집은 팔릴까요?"
"저 사람, 저랑 인연이 맞을까요?"
"시험은… 취업은… 승진은… 합격할 수 있을까요?"
"헤어진 사람과 다시 만날 수 있을까요?"

그렇다. 우리는 늘 선택 앞에서 고민하는 존재다.
그러다 보면, 나보다 뭔가 좀 더 알고 있을 것 같은 사람에게 묻게 된다. 그게 무속인이든, 친구든, 심지어 모르는 사람의 조언이든.
그런데 말이다.
나는 무속인으로서 수많은 사람들의 고민을 들으면서 한 가지 사실을 깨달았다. 사람들은 미래의 스포일러를 원하면서도, 사실 듣고 싶은 답은 정해져 있다.
"걱정하지 마세요. 다 잘될 겁니다."

"조금만 더 버티면 좋은 기운이 들어올 거예요."
"운이 트일 시기가 오고 있으니 기다리세요."
이런 말들을 듣고 싶어 한다. 그런데, 나는 그렇게 쉽게 말해 줄 수 없다. 왜냐고? 운명은 정해진 게 아니라, 우리가 만들어 가는 거니까.
길 위에서 멈춰 서 있던 날들… 솔직히, 나도 내 길을 확신하지 못했던 순간이 많았다.

"운명을 보는 사람이면, 자기 인생도 다 알겠네요?"
이런 말을 들을 때마다 웃음이 난다. 왜냐하면, 나도 한때는 내 길을 몰라 헤맸으니까.
망설였고, 망가졌고, 흔들렸다.
이 길이 맞는지 고민했고, 때로는 모든 걸 놓아 버리고 싶었다. 하지만 그런 순간마다 나를 다시 일으켜 세운 건, <u>내가 선택한 길을 끝까지 가 보겠다</u>는 다짐이었다.
그리고 깨달았다.

"운명은 정해져 있지 않다. 그저, 내가 나를 믿고 걸어갈 뿐이다."

인생의 갈림길에서 – 답은 없지만, 길은 있다.
자, 이제 중요한 질문이다.
당신은 지금 어떤 갈림길에 서 있는가?
이별을 했고, 그 상처가 아직 아물지 않았다.
일이 풀리지 않고, 막막하기만 하다.
꿈이 있었지만, 현실 앞에서 접어야 할까 고민 중이다.
삶이 너무 불공평하게 느껴진다.
그리고, 그래도 어떻게든 살아 내야 한다는 걸 안다.

나는 이 책을 통해, '정답'이 아니라 '길'을 함께 찾아보려 한다.

완벽한 선택이란 없다. 하지만 어떤 선택을 하든, 후회할 가치는 만들어 갈 수 있다.

이별이든, 실패든, 아픔이든, 그 끝에서 우리는 반드시 다시 일어날 것이다. 그리고, 우리는 걸어간다.

이 책을 읽는 동안, 당신도 수많은 선택 앞에 서게 될 것이다.

그리고 나는 말해 주고 싶다.

"운명은 우리에게 스포일러를 주지 않는다."

하지만, 우리는 선택을 통해 운명을 바꿀 수 있다. 그러니, 걱정하지 말고 한 걸음 내디뎌라. 길이 맞는지 고민하지 말고, 일단 걸어 보라. 어차피 인생이란 길은 걷는 순간 만들어지는 것이니까.

"망했으면 어때? 다시 시작하면 되지."

"그래서 어쩌라고? 나는 오늘도 걸어간다."

결국, 나를 믿고 가는 것. 이것이 내가 이 책을 쓰게 된 이유다. 그리고, 이 책을 읽는 당신에게 해 주고 싶은 가장 강력한 조언이다.

"운명을 걱정하지 마라. 네가 결정한 것이 곧 네 운명이 된다."

운명은 정해진 게 아니다. 무속인이든, 평범한 사람이든, 결국 삶은 스스로 개척하는 것이다. 그리고 자기 자신을 믿고 가는 사람이, 끝까지 살아남는다.

마지막 한마디.

"다른 누구도 아닌, 나 자신을 믿어야 한다."

"길은 내가 걸어갈 때 만들어진다."

"망해도 괜찮다. 다시 시작하면 된다."

그러니까, 멍하니 앉아서 고민하지 말고, 그냥 걸어. 어차피 인생이란 건 이리 치이고, 저리 치이다 보면, 어느 순간 내가 가야 할 길이 되어 있거든.

그러니, 더 이상 아파하지 마라.

그러니, 더 이상 주저하지 마라.

지금, 당신이 내딛는 그 한 걸음이 당신의 운명을 바꾸는 첫걸음이 될 거다. 그리고 나중에 꼭 이렇게 말해라.

"그래서 어쩌라고? 나는 오늘도 걸어간다!"

Chapter 1

이별도 했고, 상처도 받았지만, 안 죽더라

1장
이별 후, 나는 어디로 가야 할까?

"그래서, 차였다고? 일단 눈물부터 닦자."

1 눈물이 멈추지 않는 밤

"이별은 순간이었지만, 후폭풍은 한없이 길었다."

눈물이 멈추지 않는다. 일어나서 다시 눕고, 핸드폰을 열었다가 덮기를 반복한다. 혹시 연락이 올까 봐 계속 SNS를 확인한다. 시간이 지나면 괜찮아진다던데, 왜 난 이렇게 아픈 걸까?

헤어지고 나면, 모든 감각이 더 예민해진다. 거리에서 들리는 음악 한 소절이 가슴을 찌르고, 카페에서 흘러나오는 커플의 대화가 눈물 나게 부럽다.

이별은 단순한 '사랑의 끝'이 아니라, 한 사람과 함께했던 내 삶의 일부를 잃어버리는 경험이다. 그러니 이렇게 힘든 건 당연한 거다. 하지만, 이 슬픔을 어떻게 견디고, 극복할지는 나에게 달려 있다.

2 나만 이렇게 힘든 걸까?

사례 1 **나는 아직도 여기 있는데, 그 사람은 멀쩡해 보여요.**

"헤어진 지 두 달이 지났는데, 저는 여전히 힘든데 그 사람은 너무 잘

지내 보여요. 새로운 사람을 만난 것 같기도 하고, SNS에는 웃는 사진만 올라와요. 그 사람은 정말 아무렇지도 않은 걸까요?"

> **진실:** 사람들은 아픈 감정을 쉽게 보여 주지 않는다.
> 우리는 상대가 나보다 덜 힘들 거라고 착각한다. 하지만 SNS 속 모습이 그 사람의 '전부'는 아니다. 헤어진 후에도 아파하는 사람이 '진심'이고, 빨리 잊는 사람이 '이긴' 게 아니다.

사례 2 나는 이 사람을 정말 사랑했는데, 왜 끝난 걸까요?

"내가 부족했던 걸까요? 조금 더 잘했으면, 조금 더 맞춰 줬으면 달라졌을까요?"

> **진실:** 사랑은 노력으로 유지되는 게 아니다. 아무리 좋은 사람이어도, 인연이 맞지 않으면 끝이 난다.
> 상대가 떠난 이유가 '내 잘못'일 필요는 없다. 사랑은 '어떤 관계'를 유지할 수 있는지에 따라 지속되는 것이다.

3 심리학적으로 보면, 이별 후 우리는 이렇게 반응한다

1. 이별 후 첫 3개월은 '생존 모드'

우리 뇌는 이별을 실제 신체적 고통처럼 받아들인다. 그래서 처음 3개월 동안은 심장이 아프고, 숨쉬는 것도 힘들다. 하지만 시간이 지나면, 우리 몸은 자연스럽게 적응한다.

2. 나를 괴롭히는 건 '미련의 감정'

미련은 실제 그 사람을 그리워하는 게 아니다. <u>사랑받았던 기억을 그리워하는 것이다.</u> 그래서 시간이 지나면서 점점 희미해진다.

3. 감정을 억누를수록, 더 오래 아프다.

눈물이 난다면, 울어야 한다. 감정을 억누르면, 더 오래 간다. 슬픔도 자연스럽게 흘러가게 놔두는 것이 치유의 첫걸음이다.

"이별은 아프지만, 나는 충분히 이겨 낼 수 있다."

4 현실적인 해결 방법
'미련'에서 벗어나는 연습

1. 이별 후 첫 3개월, 나를 지키는 법
- 울어야 할 땐, 충분히 울어라.
- 무리해서 웃으려고 하지 마라.
- 힘들면, 친구에게 털어놓아라.
- 술과 충동적인 행동은 피하라.

2. 미련을 덜어내는 연습
- 연락을 기다리지 않기로 한다.
- SNS를 끊는다.
- 그 사람과의 추억을 정리한다.
- 나를 위한 새로운 루틴을 만든다.

3. 내 감정을 바꾸는 마법의 주문
- 나는 지금도 충분히 사랑받을 자격이 있다.
- 이별이 나를 망가뜨릴 수 없다.
- 나는 나 자신을 더 사랑할 것이다.
- 이별 후, 나는 새로운 길을 걸을 수 있다.

5 마음공부: 이별이 내게 남긴 것

"그 사람이 떠났지만, 나에게 남겨진 것이 있다."

나는 더 성숙해졌다.
나는 내 감정을 더 깊이 이해하게 되었다.
나는 더 좋은 사랑을 할 준비가 되었다.
나는 이별을 통해 나를 더 잘 알게 되었다.

> ★ 마음공부 – 나를 위한 질문 ★
>
> "이별을 통해 내가 배운 가장 중요한 것은 무엇인가?"
> "나는 이별을 통해 어떤 사람이 되었는가?"
> "이전보다 더 성장한 나를 위해, 나는 앞으로 무엇을 할 것인가?"
> "이별은 끝이 아니라, 나를 성장시키는 과정이다."

6 자연이 주는 작은 깨달음
– 강물은 멈추지 않는다

이별은 마치 한겨울에 얼어붙은 강물과 같다. 얼어붙은 강물도, 보이지 않는 곳에서는 여전히 흐르고 있다. 시간이 지나면 얼음은 녹고, 강물은 다시 흐르게 되어 있다.

사랑도 마찬가지다.

지금은 꽁꽁 얼어붙은 것 같아도, 나는 다시 흘러갈 것이다.

"지금 멈춘 것처럼 보여도, 나는 결국 다시 나아갈 것이다."

7 명상 기도문 3가지

기도문 1 이별의 아픔을 흘려보내는 기도

"나는 나의 슬픔을 인정합니다. 이별은 끝이 아니라, 새로운 시작입니다. 나는 이 아픔을 부정하지 않고, 온전히 느낄 것입니다."

기도문 2 다시 나를 사랑하는 기도

"나는 사랑받을 가치가 있습니다. 나는 누군가에게 의존하지 않고도 온전한 존재입니다. 나는 나 자신을 더 소중히 여기고 사랑할 것입니다."

기도문 3 나의 길을 찾는 기도

"이별은 끝이 아니라, 다른 길로 가는 과정입니다. 나는 지금도 충분히 빛나는 존재입니다. 나는 나만의 새로운 길을 걸을 것입니다. 나는 이제, 나를 위해 걸어갈 것입니다."

8 마무리

- 그래서 어쩌라고?

그래서, 차였다고?
그래서, 어쩌라고?
세상이 끝난 것도 아니고, 앞으로의 내 인생까지 망한 것도 아니다. 결국, 시간이 지나면 괜찮아진다.
이별은 끝이 아니다. 그저 내가 가야 할 길의 한가운데일 뿐이다. 그러니 이제 눈물부터 닦고, 다시 한 걸음 내디뎌 보자.
"이별했어도, 그래서 어쩌라고?"
그리고 그 뒤에 이렇게 덧붙이겠지.

"어쩌긴, 그냥 더 행복해지면 되지!"
우주의 기운을 모아 모아!
"나는 더 이상 과거에 머물지 않는다. 나는 나를 위한 새로운 길을 걷는다!"

2장
아무리 노력해도 나를 사랑해 주지 않는 사람들

"좋아하는데 왜 안 돼요? 그게 바로 인생이다."

1 내가 더 잘하면 사랑받을 수 있을까?

"난 최선을 다했는데, 왜 저 사람은 나를 사랑해 주지 않을까?"
"조금 더 착하게, 조금 더 이해하면 나를 받아 줄까?"
"내가 잘못한 게 아니라면, 왜 이렇게 버려진 기분이 들지?"
"나는 왜 이렇게까지 애써야 할까?"

애써도 변하지 않는 관계.
기다려도 돌아오지 않는 사람.
이제는 인정해야 할 때가 아닐까?

"사랑받기 위해 노력하는 것이 아니라, 내가 나를 먼저 사랑해야 할 때다."

2 나만 이렇게 애쓰는 걸까?

사례 1 나는 이 관계를 유지하려고 이렇게 노력하는데, 왜 상대는 아무렇지도 않죠?

"저는 항상 먼저 연락하고, 먼저 신경 쓰고, 먼저 다가가요. 근데 상대는 너무 무심하고, 제가 힘들어할 때도 잘 모르겠대요. 왜 저는 사랑받기 위해 이렇게 애써야 할까요?"

> **진실:** 사랑은 혼자 만들어 가는 것이 아니다.
> 사랑은 함께 하는 것이지, 혼자 애쓴다고 지속되지 않는다.
> 한쪽이 노력해야만 유지되는 관계라면, 그건 '진짜' 사랑이 아니다.
> 상대가 나에게 관심이 없다면, 나를 바꾼다고 해결되지 않는다.

사례 2 거절당할까 봐, 더 잘하려고 해요.

"그 사람이 떠날까 봐, 저는 늘 맞춰주고 참고 있어요. 싫어도 '괜찮아' 하고, 상대가 원하는 걸 해 주면서… 이렇게 하면, 결국 저를 사랑해 줄까요?"

> **진실:** 나를 희생하는 관계는 결국 나만 힘들어진다. 사랑은 거래가 아니다.
> 나를 버리면서까지 상대를 맞추면, 결국 남는 건 공허함뿐이다. 진짜 사랑은,
> '내가 나를 지키면서도 함께할 수 있는 관계'다.

3   심리학적으로 보면, 왜 우리는 이렇게 집착할까?

1. '애착 욕구'는 본능이다.

우리는 사랑받고 싶다는 욕구를 타고났다. 하지만, '사랑받아야만 한다'는 강박이 강해지면, 집착으로 변한다.

2. 자존감이 낮을수록, 상대에게 더 집착한다.

사랑받는 것이 내 가치를 증명한다고 믿으면, 상대가 나를 외면할 때마다 내 존재가 흔들린다.

3. '기대'는 커질수록 고통이 된다.

'이 사람은 언젠가 변할 거야'라고 기대하면, 상대가 변하지 않을 때마다 더 상처받는다.

"사랑은 애쓰는 것이 아니라, 자연스럽게 흘러가는 것이다."

4 현실적인 해결 방법
– 상대가 아닌, 나에게 집중하기

1. 사랑을 구걸하는 습관 버리기

상대가 나를 사랑하지 않는다고 해서, 내가 부족한 것은 아니다. 애써야 하는 사랑이라면, 그건 내게 맞는 사랑이 아니다.

2. 집착하는 감정을 흘려보내기

상대에게 의존하지 않는 연습이 필요하다.
연락을 기다리지 말고, 스스로를 채울 수 있는 일에 집중한다.

3. 내 감정을 바꾸는 마법의 주문
- 나는 사랑받기 위해 태어난 존재다.
- 누군가가 나를 사랑하지 않는다고 해서, 내 가치가 낮아지는 것은 아니다.
- 나는 나를 먼저 사랑할 것이다.
- 나는 이제, 나를 위한 사랑을 시작할 것이다.

5 마음공부: '사랑받아야만 한다'는 생각에서 벗어나기

나는 상대의 선택이 아니다. 나는 스스로 사랑받을 존재다.

사랑은 '애써서 얻는 것'이 아니라, '함께 만들어 가는 것'이다.

상대가 나를 사랑하지 않는다고 해서, 내 가치가 낮아지는 것이 아니다. 나는 나를 사랑할 수 있는 존재이고, 나를 소중하게 대할 사람과 함께해야 한다.

> ★ 마음공부 – 나를 위한 질문 ★
>
> "나는 왜 그 사람의 사랑을 원했을까?"
> "그 사람이 나를 사랑하지 않으면, 나는 가치가 없는 존재일까?"
> "내가 나를 먼저 사랑하는 방법은 무엇일까?"
> "사랑은 선택이 아니라, 흐름이다. 나는 나를 더 아끼고 사랑할 것이다."

6 자연이 주는 작은 깨달음

– 햇빛이 모든 꽃을 피우지는 않는다

햇빛은 모든 꽃을 피우는 것이 아니다. 어떤 꽃은 햇빛을 받으면 아름답게 피어나지만, 어떤 꽃은 그늘에서 더 잘 자란다.

그 사람이 나를 사랑하지 않는 것은, 내가 부족해서가 아니다. 그냥, 우리는 맞지 않는 것이고, 나는 나에게 맞는 환경을 찾아가야 한다.

"나는 나를 더 사랑해 줄 사람을 찾아갈 것이다."

7 명상 기도문 3가지

기도문 1 사랑받지 못한 아픔을 흘려보내는 기도

"나는 사랑을 갈망했던 나를 이해합니다. 나는 내가 받은 상처를 인정합니다. 이제는 그 감정을 흘려보내고, 나를 치유하겠습니다."

`기도문 2` **나 자신을 사랑하는 기도**

"나는 사랑받을 가치가 있습니다. 나는 누군가에게 의존하지 않고도 온전한 존재입니다. 나는 나 자신을 더 소중히 여기고 사랑할 것입니다."

`기도문 3` **나에게 맞는 사랑을 찾는 기도**

"이 사람의 사랑이 아니더라도, 나는 충분히 사랑받을 수 있습니다. 나는 나와 맞는 사람과 연결될 것입니다. 나는 사랑을 애쓰지 않아도 자연스럽게 받을 수 있는 존재입니다."

"나는 나를 더 사랑하는 사람이 될 것이다."

8 마무리

- 그래서 어쩌라고?

그래서, 아무리 노력해도 나를 사랑해 주지 않는다고?

그래서, 어쩌라고?

세상에는 사랑받을 가치가 있는 사람이 넘쳐 나고, 내가 그 속에서 나를 소중히 여기는 게 먼저다. 나는 애써야 하는 사랑이 아니라, 있는 그대로 나를 존중해 줄 사랑을 만날 것이다.

"누군가가 나를 사랑해 주지 않아도, 그래서 어쩌라고?"

그리고 그 뒤에 이렇게 덧붙이겠지.

"어쩌긴, 그냥 나를 더 사랑하면 되지!"

우주의 기운을 모아 모아!

"나는 더 이상 애쓰지 않는다. 나는 사랑받을 존재다!"

3장
가족이지만, 가장 멀게 느껴지는 순간

"우리 가족인데 왜 이렇게 피곤할까?"

1 가족이라서 더 서운하고, 가족이라서 더 힘들다

"친구한테 받으면 감동인데, 가족한테 받으면 당연한 거야?"
"가족이니까 네가 이해해야지."
"가족인데 어떻게 모른 척하니?"
"우리 집은 도대체 왜 이렇게 말이 안 통해?"
"남이라면 그냥 손절할 텐데, 가족이라서 못 한다."

가족이니까 더 잘 알 거라고 생각했는데, 가족이니까 더 이해해 줄 거라고 믿었는데, 가족이라서 오히려 더 상처받는다.

"가족이니까, 더 멀게 느껴지는 순간이 있다."

2 가족인데 왜 이렇게 힘들까요?

사례 1 엄마랑 대화만 하면 싸워요.

엄마는 제가 뭘 해도 잔소리를 해요. '너는 왜 그렇게 예의가 없냐?', '넌 아직도 철이 안 들었구나'.

그냥 조용히 넘어갈 수도 있는 건데, 왜 꼭 그렇게 말해야 할까요?"

진실: 부모의 말은 '훈육'이 아니라, '지배'가 될 수 있다.
부모가 하는 말이 무조건 옳은 것은 아니다. 부모도 불완전한 인간이며, 감정적으로 말할 때가 많다. 부모의 말 한마디에 너무 휘둘리지 말고, 스스로의 생각을 지켜야 한다.

사례 2 형제끼리 너무 비교돼요.

"우리 집은 맏이라서 희생해야 한다고 하고, 동생은 막내라서 다 받아줘야 한다고 하고, 저는 그냥 늘 중간에서 손해만 보는 느낌이에요."

진실: 가족은 '공평'하지 않다.
부모도 사람이라 완벽하게 공평할 수 없다. 하지만, 내가 희생하는 것이 가족의 '사랑'이 되어서는 안 된다. 나도 '가족이니까 참아야 한다'는 생각에서 벗어나야 한다.

사례 3 우리 가족은 무조건 희생을 강요해요.

"가족끼리는 무조건 참고, 가족이니까 이해해야 한다고 하는데, 도대체 왜 내가 힘든 건 중요하지 않은 거죠?"

진실: 가족이라고 해서 '무조건 이해해야 하는 건' 아니다.
가족도 '나의 경계'를 지켜 줘야 한다. '가족이라서'라는 말에 내 감정을 묻어 버리지 말자.

3 심리학적으로 보면, 왜 가족이 더 어려울까?

1. '가족의 기대'가 크면, 실망도 커진다.
가족은 우리를 가장 잘 이해할 것 같지만, 오히려 가족이기 때문에 더 기대하고, 기대가 무너지면 더 큰 실망으로 다가온다.

2. 가족은 '관계 재설정'이 어렵다.
친구라면 거리 두기가 가능하지만, 가족은 물리적으로도, 감정적으로도 거리를 두기 어렵다.

3. 가족 안에서 '역할'이 강요된다.
맏이는 책임을 져야 하고, 막내는 귀여워야 하고, 엄마는 희생해야 하고…. 가족 안에서 고정된 역할이 '나'를 억압할 수 있다.

"가족은 중요하지만, 가족이 내 인생을 지배하게 둘 필요는 없다."

4 현실적인 해결 방법
– 가족과의 '건강한 거리 두기'

1. 내 감정을 지키는 연습
가족의 기대를 맞추려 하지 말자. '가족이니까 참아야 해'라는 생각을 버리자. 부모가 원하는 모습이 아니라, 내가 원하는 모습대로 살자.

2. 필요한 거리 두기
대화가 어려운 가족이라면, 거리를 두는 것도 방법이다.
연락을 줄이거나, 방문 횟수를 조절하자. 나를 존중하지 않는 가족과 꼭 가까이 지낼 필요는 없다.

3. 내 감정을 바꾸는 마법의 주문
- 가족이 내 인생을 대신 살아 줄 수 없다.

- 가족의 기대보다, 나의 행복이 더 중요하다.
- 나는 가족의 '역할'이 아니라, 그냥 '나'다.
- 가족이지만, 나도 나만의 인생을 살아야 한다.

5 마음공부: 가족과 나, 그 사이의 균형

나는 가족을 사랑하지만, 나도 소중하다.
가족이 중요하지만, 나 자신이 더 중요하다.
가족이 원한다고 해서, 내 행복을 희생할 필요는 없다.
가족의 말보다, 내 감정을 더 존중해야 한다.

> ★ 마음공부 – 나를 위한 질문 ★
>
> "나는 가족 때문에 얼마나 나를 희생했는가?"
> "가족의 말보다, 내 감정을 먼저 생각할 수 있는가?"
> "나는 가족을 사랑하면서도, 나를 지킬 수 있는가?"
> "가족과의 관계에서, 나는 내 경계를 지킬 것이다."

6 자연이 주는 작은 깨달음
– 나무는 서로 기대지 않는다

나무는 함께 자라지만, 서로를 지탱하지 않는다. 나무는 같은 숲에서 함께 자라지만, 뿌리는 서로 엉키지 않고, 각자의 땅에서 자란다.

가족도 마찬가지다. 함께 있지만, 서로를 억누르거나 의존하지 않아야 한다.

"나는 가족과 함께 있지만, 나만의 삶을 살아갈 것이다."

7 명상 기도문 3가지

기도문 1 가족과의 관계에서 자유로워지는 기도

"나는 가족을 사랑하지만, 내 삶을 살아야 한다. 나는 가족의 기대에서 벗어나, 나만의 행복을 찾을 것이다. 나는 내 감정을 소중히 여기며, 내 삶의 주인이 될 것이다."

기도문 2 부모와의 갈등을 내려놓는 기도

"나는 부모를 이해하지만, 부모의 생각이 내 삶을 결정짓지 않는다. 나는 나 자신을 위한 선택을 할 것이며, 나는 나의 행복을 존중할 것이다."

기도문 3 가족과 건강한 관계를 맺는 기도

"나는 가족과 함께하지만, 나의 경계를 지킬 것이다. 나는 서로를 억누르지 않고, 진정한 사랑과 존중으로 관계를 맺을 것이다."

"나는 가족과 함께하지만, 나만의 길을 걸을 것이다."

8 마무리

– 그래서 어쩌라고?

그래서, 가족이 이해해 주지 않는다고?
그래서, 어쩌라고?
가족은 중요하지만, 내 삶이 더 중요하다. 나는 가족의 기대가 아니라, 내 행복을 위해 살아야 한다.
"가족이 날 몰라줘도, 그래서 어쩌라고?"
그리고 그 뒤에 이렇게 덧붙이겠지.

"어쩌긴, 그냥 내 인생을 살면 되지!"
우주의 기운을 모아 모아!
"나는 가족을 사랑하지만, 나를 더 사랑한다!"

4장
나는 왜 항상 손해 보는 관계를 맺을까?

"친절을 베풀었는데, 왜 나는 호구가 되었을까?"

1 나는 왜 늘 손해 보는 역할을 맡게 될까?

"나는 그냥 도와준 건데, 왜 당연한 게 되어 버렸지?"
"저 사람은 나에게 한 번도 먼저 배려한 적이 없는데, 나는 늘 맞춰 줘야 할까?"
"이 관계가 나에게 상처를 주고 있는 걸 아는데, 왜 끊지 못할까?"
"나는 착한 게 아니라, 그냥 이용당하고 있는 걸까?"

친구에게 부탁받으면 거절 못 하고, 가족이 힘들다고 하면 무조건 나서서 도와주고, 연인이 서운하다고 하면, 이유 없이 먼저 사과하고, 회사에서도 늘 일을 떠맡는 사람이 되고….
언제부터인가 '나'는 없고, 모두를 위한 '희생자'가 되어 있었다. 나는 왜 늘 손해 보는 관계를 맺을까?

2 나는 왜 이렇게까지 희생하는 걸까?

사례 1 **친구의 부탁을 거절하면, 죄책감이 들어요.**
"친구가 급하게 돈이 필요하다고 했어요. 예전에도 빌려줬는데, 아직 못 받았거든요. 그런데 이번에도 안 빌려주면, 나쁜 사람 같아서… 또 빌려줘야 하나 고민돼요."

> **진실:** 거절하지 못하는 것은, 내 감정보다 남의 감정을 더 중요하게 여겨서다. 내가 힘든데도 상대가 싫어할까 봐 걱정하는 건, 건강한 관계가 아니다. 친구라면, 나의 입장도 이해해야 한다.
> 상대가 나를 이용하려고 한다면, 더 이상 '친구'라고 부를 수 없다.

사례 2 늘 맞춰 주다 보니, 내 감정은 뒷전이에요.

"연애할 때, 상대방이 화나면 나는 무조건 '미안해'부터 말해요. 싸우기 싫어서 먼저 사과하고, 그냥 내 감정을 숨기는 게 편해요."

> **진실:** 계속 참고 맞춰 주면, 결국 나만 사라진다. 감정을 숨기고 참으면, 상대방은 더욱 당연하게 여긴다. 관계는 서로 맞춰 가는 것이지, 한쪽이 일방적으로 희생해서는 안 된다. 나를 먼저 존중하는 법을 배우지 않으면, 평생 희생하는 관계에서 벗어날 수 없다.

사례 3 나는 늘 '잘 들어 주는 사람' 역할을 해요.

"회사에서, 친구 사이에서, 심지어 가족 사이에서도 나는 늘 '잘 들어 주는 사람'이 돼요. 하지만 정작 내가 힘들 땐, 내 이야기를 들어 주는 사람은 없어요."

> **진실:** 나를 소모시키는 관계는 건강한 관계가 아니다.
> 내 이야기도 할 수 있는 사람이 '진짜 내 편'이다. 항상 '들어 주는 역할'만 하는 관계는, 결국 나를 지치게 만든다. 나도 누군가에게 위로받고 싶다면, '받는 연습'을 해야 한다.

3 심리학적으로 보면, 왜 나는 늘 손해 보는 관계를 맺을까?

1. '착해야 사랑받는다'는 착각

어릴 때부터 '착한 아이'가 되어야 한다고 배웠다. 그래서 '거절하면 미움받을까 봐' 늘 참고, 희생한다.

2. '거절하면 죄책감이 든다'는 심리적 오류

사실, 거절한다고 해서 상대가 나를 미워하는 것이 아니다. 하지만 죄책감이 앞서서 쉽게 'NO'를 말하지 못한다.

3. '나는 좋은 사람이 되어야 한다'는 강박

우리는 좋은 사람이 되고 싶어 한다. 하지만 '좋은 사람'과 '이용당하는 사람'은 다르다.

"착하다는 이유로, 나를 희생하지 않아도 된다."

4 현실적인 해결 방법
— '손해 보는 관계'에서 벗어나기

1. 거절하는 연습

거절하는 것이 이기적인 것이 아니다. "지금은 힘들어." "미안하지만, 안 될 것 같아."라고 말해 보자. 한 번 거절했다고 해서, 관계가 망가지지 않는다.

2. 받는 연습

나도 도움을 받을 자격이 있다. 어려울 때는 솔직하게 말하자.

관계는 '주는 것'만큼 '받는 것'도 필요하다.

3. 내 감정을 바꾸는 마법의 주문
- 나는 더 이상 희생하지 않는다.
- 내가 나를 먼저 사랑해야 한다.
- 착한 사람이 아니라, 행복한 사람이 될 것이다.
- 이제는, 나를 위한 관계를 맺을 것이다.

5 마음공부: 나도 소중한 존재라는 것을 기억하기

나는 나를 희생하지 않아도 충분히 사랑받을 수 있다.
관계는 '맞추는 것'이 아니라, '함께하는 것'이다.
나를 희생하는 관계는 오래 지속될 수 없다.
나는 내 감정을 더 소중하게 대할 것이다.

★ 마음공부 – 나를 위한 질문 ★

"나는 왜 이 관계에서 늘 손해 보는 역할을 하고 있을까?"
"이제는 나를 위해, 어떻게 달라질 수 있을까?"
"나는 나를 먼저 지켜야 한다는 걸 인정할 수 있는가?"
"나는 이제, 나를 더 사랑하는 사람이 될 것이다."

---

6 자연이 주는 작은 깨달음
– 강물은 길을 스스로 만든다

강물은 누군가가 길을 내주기를 기다리지 않는다. 스스로 흐르면서 길을 만든다. 때로는 장애물을 만나도, 돌아가면서 길을 찾는다.

인간관계도 마찬가지다. 억지로 맞추려 하기보다, 나에게 맞는 방향으로 흘러가야 한다.

"나는 억지로 참는 관계에서 벗어나, 자연스럽게 흘러가는 관계를 선택할 것이다."

7 명상 기도문 3가지

기도문 1 나를 희생시키지 않는 기도

"나는 나를 희생하지 않고도 충분히 사랑받을 수 있다. 나는 내 감정을 무시하지 않고, 존중하며 살아갈 것이다. 더 이상 참고, 억누르고, 희생하는 관계를 맺지 않을 것이다. 나는 나를 위한 선택을 할 것이다."

기도문 2 관계에서 나를 지키는 기도

"나는 건강한 관계를 맺을 것이다. 나는 나를 소중히 여기는 사람들과 함께할 것이다. 나는 나를 지킬 것이며, 내 마음을 돌볼 것이다."

기도문 3 내 감정을 소중히 하는 기도

"나는 더 이상 나를 희생하지 않는다. 나는 나를 사랑하는 법을 배우고, 나에게 더 집중할 것이다. 나는 내 마음을 존중하는 사람이 될 것이다."

"나는 이제, 내 감정을 소중히 하는 사람이 될 것이다."

8 마무리

– 그래서 어쩌라고?

그래서, 또 손해 봤다고?

그래서, 어쩌라고?

나는 더 이상 손해 보는 관계를 맺지 않을 것이다.

나는 더 이상 참고, 희생하는 사람이 되지 않을 것이다.

"내가 희생해도, 그래서 어쩌라고?"

그리고 그 뒤에 이렇게 덧붙이겠지.

"어쩌긴, 이제 나부터 사랑하면 되지!"

우주의 기운을 모아 모아!

"나는 더 이상 희생하지 않는다. 나는 나를 사랑할 것이다!"

5장
함께 있을 때 더 외로운 관계, 이제는 끝내야 할까?

"같이 있어도 외롭다면, 이제는 끝낼 때다."

1 함께 있는데 왜 더 외로울까?

"곁에 있는데도 공허하다."
"같이 있어도 대화가 없다."
"나보다 핸드폰이 더 중요한 사람이 있다."
"사랑한다고 말하는데, 이상하게 외롭다."
"연인이든, 친구든, 가족이든… 함께 있는데도 외롭다면, 이 관계는 무엇일까?"

말 한마디 없이 같은 공간에 있는 시간이 많다. 고민을 이야기해도, 상대는 딴청을 피운다. 기대하지 말자고 다짐해도, 결국 실망하게 된다. 헤어지기는 두렵지만, 이대로 있는 것도 고통스럽다.
 나는 이 관계를 계속해야 할까, 아니면 끝내야 할까?

2 왜 나는 이 관계를 끝내지 못할까?

사례 1 **이 사람은 나에게 너무 익숙해요.**
"연애를 한 지 오래돼서, 정이 들어 버렸어요. 그래서 이 사람이 없어지면 공허할까 봐 헤어지지 못해요. 사랑은 없지만, 그냥 익숙해진 관계 같아요."

> **진실:** '정'이 남아서가 아니라, 변화를 두려워하기 때문이다. 익숙한 관계에 안주하면, 내 행복을 잃어버릴 수 있다. 새로운 시작이 두려워서, 불행한 관계를 지속하는 것은 옳지 않다. 이 관계가 내게 어떤 영향을 주는지, 냉정하게 평가해야 한다.

사례 2 혼자 되면 더 외로울까 봐 두려워요.

"사실, 이 관계가 나를 행복하게 해 주지 않는 걸 알아요. 그런데 이 사람을 떠나면, 나 혼자 버려지는 느낌이 들까 봐 무서워요."

> **진실:** 혼자가 두려워서, 더 외로운 관계를 유지할 필요는 없다. 함께 있어도 외롭다면, 그것은 '함께'하는 것이 아니다. 혼자가 되는 것이 무서워서, 스스로를 가두는 것은 더 큰 상처가 된다. 진짜 중요한 것은 '누군가와 함께하는 것'이 아니라, '행복한 관계'를 찾는 것이다.

사례 3 상대가 변할 거라는 기대를 버리지 못해요.

"이 사람이 언젠가는 변할 거라고 믿어요. 조금 더 기다리면, 조금 더 참으면… 그래도 될까요?"

> **진실:** 사람은 쉽게 변하지 않는다. 상대가 바뀌기를 기다리는 동안, 나의 시간은 계속 흘러간다. 기대는 '희망'이 될 수도 있지만, '집착'이 될 수도 있다. 상대를 바꾸려고 하기보다, 나를 위해 무엇이 좋은지 먼저 생각해야 한다.

3 심리학적으로 보면, 왜 우리는 끝내야 할 관계를 붙잡을까?

1. '손실 회피 심리' – 내가 쏟은 시간과 정이 아까워서

인간은 이미 투자한 것이 많을수록, 포기하지 못하는 경향이 있다. '이 관계를 유지하려고 노력한 시간이 아까워서' 쉽게 정리하지 못한다.

2. '미래 환상' – 상대가 변할 거라는 착각

미래에는 이 사람이 달라질 거라는 기대를 갖는다. 하지만 변화하지 않는 현실을 계속 마주하면서, 스스로 상처를 받는다.

3. '고립에 대한 두려움' – 이 사람이 없으면 혼자가 될까 봐

혼자가 되는 것이 무서워서, 더 외로운 관계를 계속 유지한다. 하지만 진짜 외로운 것은 '함께 있어도 외로운 관계'다.

> "진짜 중요한 것은 '누군가와 함께하는 것'이 아니라,
> '함께하면서 행복할 수 있는 관계'를 찾는 것이다."

4 현실적인 해결 방법
– '함께 있어도 외로운 관계'에서 벗어나기

1. 내 감정을 우선순위에 두기

나는 이 관계에서 진짜 행복한가? 나는 상대를 위해 나를 희생하고 있지는 않은가? 이 관계가 나를 성장시키는가, 아니면 지치게 하는가?

2. 관계를 점검하고, 필요한 결정 내리기

상대와 솔직하게 대화해 보자. 변화의 가능성이 없다면, 관계를 유지할 이유도 없다. 이 관계가 나에게 고통만 준다면, 떠나야 한다.

3. 내 감정을 바꾸는 마법의 주문

- 나는 외로움을 참는 것이 아니라, 행복을 찾을 것이다.

- 함께 있어도 외로운 관계라면, 이제는 놓아줄 것이다.
- 나는 나를 위한 건강한 관계를 선택할 것이다.
- 진짜 중요한 것은 '누군가와 함께하는 것'이 아니라, '함께하면서 행복한 관계'를 맺는 것이다.

5 마음공부: 나를 위한 관계는 무엇일까?

나는 내 감정을 속이지 않을 것이다.
나는 더 이상 외로운 관계를 유지하지 않는다.
나는 행복한 관계를 찾을 자격이 있다.
나는 나를 사랑하는 법을 배울 것이다.

★ 마음공부 – 나를 위한 질문 ★

"나는 왜 이 관계를 유지하고 있는가?"
"이 관계가 나에게 주는 감정은 무엇인가?"
"나는 나를 위해 어떤 결정을 내려야 하는가?"
"나는 이제, 나를 위한 건강한 관계를 맺을 것이다."

---

6 자연이 주는 작은 깨달음
- 낙엽은 떨어져야 새싹이 난다

나무는 가을이 오면, 낙엽을 떨군다. 낙엽을 버려야, 새로운 잎이 자란다. 나무가 낙엽을 붙잡고 있으면, 성장이 멈춘다.
　인간관계도 마찬가지다. 불필요한 관계를 놓아야, 더 좋은 관계가 들어올 수 있다.

"나는 과거를 붙잡지 않고, 새로운 관계를 받아들일 것이다."

7 명상 기도문 3가지

기도문 1 외로운 관계에서 벗어나는 기도

"나는 더 이상 외로운 관계를 붙잡지 않는다. 나는 나의 감정을 소중히 여길 것이다. 나는 내가 행복할 수 있는 관계를 선택할 것이다."

기도문 2 나를 위한 선택을 하는 기도

"나는 나를 위해 건강한 관계를 맺을 것이다. 나는 과거의 미련을 놓아주고, 새로운 나를 위한 길을 걸어갈 것이다."

기도문 3 새로운 행복을 받아들이는 기도

"나는 새로운 관계를 두려워하지 않는다. 나는 더 나은 사람들과 연결될 것이다. 나는 사랑받을 가치가 있는 존재다."

"나는 이제, 행복한 관계를 선택할 것이다."

8 마무리

- 그래서 어쩌라고?

그래서, 함께 있어도 외롭다고?
그래서, 어쩌라고?
나는 더 이상 외로운 관계를 유지하지 않을 것이다.
나는 더 이상 나를 희생하지 않을 것이다.
"이 관계가 나를 불행하게 해도, 그래서 어쩌라고?"

그리고 그 뒤에 이렇게 덧붙이겠지.
"어쩌긴, 이제 나를 위한 관계를 찾으면 되지!"

우주의 기운을 모아 모아!
"나는 외로움을 선택하지 않는다. 나는 행복한 관계를 맺을 것이다!"

6장
나는 왜 항상 같은 실수를 반복할까?

"사랑도 인생도 패턴이 있더라."

1 왜 나는 같은 실수를 계속하는 걸까?

"이번에는 진짜 다르게 해 보려고 했는데, 결국 똑같은 결말이네."
"이제는 실수하지 않겠다고 다짐했는데, 또 후회하고 있다."
나는 왜 늘 같은 이유로 힘들어하고 있을까? 혹시, 내가 문제인 걸까?
 사람은 같은 실수를 반복한다. 그게 연애든, 인간관계든, 직장이든, 돈이든. 힘들어지는 이유를 알면서도, 같은 패턴을 반복하고, 비슷한 사람과 얽히고, 같은 실수를 저지르고, 결국 같은 이유로 후회한다. 이제는 달라지고 싶은데, 왜 나는 늘 제자리걸음일까?

2 나는 왜 이렇게 반복된 실수를 하는 걸까?

사례 1 나는 왜 항상 기회를 놓칠까?

 "좋은 기회가 왔을 때, 늘 망설여요. 그래서 결국 아무것도 못 하고, 기회를 날려 버려요. 나중에는 후회하면서 '그때 할걸….' 하고 있죠."

> **진실:** 두려움이 기회를 잡지 못하게 한다.
> '실패할까 봐', '내가 잘할 수 있을까?' 하는 두려움 때문에 행동을 미루다 보면, 기회는 그냥 사라진다. 성공한 사람과 그렇지 않은 사람의 차이는 '시도했느냐'이다.

> **사례 2** 나는 왜 항상 손해 보는 선택을 할까?

"거절해야 하는 걸 알면서도, 결국 또 수락해 버려요. 거절하면 나쁜 사람 같고, 거절하면 뭔가 잘못될 것 같아요."

> **진실:** '착한 사람이 되어야 한다'는 강박이 있다.
> 우리는 '거절하면 관계가 망가질 것' 같아서, 손해를 감수한다. 하지만 거절하는 것이 오히려 관계를 더 건강하게 만들 수도 있다.
> '착한 사람'보다 '존중받는 사람'이 되는 것이 중요하다.

> **사례 3** 나는 왜 늘 같은 고민을 반복할까?

"나는 작년에도, 재작년에도 같은 고민을 하고 있었어요. '이 길이 맞을까?', '지금 이대로 괜찮을까?' 그런데 고민만 하다가 아무것도 바뀐 게 없어요."

> **진실:** 변화가 두려우면, 고민만 반복한다.
> 고민하는 것은 중요하지만, 행동하지 않으면 아무것도 바뀌지 않는다. 고민이 길어진다면, 그건 더 이상 고민이 아니라 '머무름'이다.

3 심리학적으로 보면, 왜 우리는 같은 실수를 반복할까?

1. 익숙한 것이 안전하게 느껴진다.

인간은 익숙한 것을 안전하다고 느낀다. 그래서 더 나은 길이 있어도, '지금이 덜 불안한 선택'으로 돌아간다.

2. 변화는 에너지를 요구한다.

같은 행동을 반복하는 것이 가장 쉽다. 변화를 시도하려면, 정신적·감정적으로 에너지가 필요하다.

3. '나는 원래 이런 사람이야'라는 믿음이 나를 가둔다.

"나는 원래 결단력이 없어."

"나는 원래 이런 사람을 좋아해."

"나는 원래 돈을 잘 못 모아."

이런 고정관념이 나를 같은 실수로 이끈다.

"변화는 '내가 원래 이렇다'는 생각을 버리는 것에서 시작된다."

4 현실적인 해결 방법
- '반복되는 실수'에서 벗어나기

1. 나의 행동 패턴을 분석하기
- 나는 어떤 상황에서 반복된 실수를 하는가?
- 내가 반복해서 만나는 사람의 유형은 무엇인가?
- 매번 같은 후회를 하는 이유는 무엇인가?

2. 자동반사를 끊는 연습
- 똑같은 실수를 할 것 같은 순간, 멈춰서 생각하자.
- 감정적으로 반응하는 대신, 새로운 선택을 해 보자.
- 실수를 반복하지 않는 방법은, 의식적으로 다르게 행동하는 것뿐이다.

3. 내 감정을 바꾸는 마법의 주문
- 나는 더 이상 같은 실수를 반복하지 않는다.
- 나는 변화할 수 있다.
- 나는 더 나은 선택을 할 것이다.
- 실수를 줄이는 가장 좋은 방법은, '다른 선택'을 해 보는 것이다.

5 마음공부: 나는 변화할 수 있다

나는 나의 실수를 반복하지 않을 것이다.
나는 더 이상 같은 패턴을 반복하지 않는다.
나는 나를 위한 더 나은 선택을 할 것이다.
나는 변화할 수 있는 사람이다.

> ★ 마음공부 – 나를 위한 질문 ★
> "나는 왜 같은 실수를 반복하는가?"
> "이제는 나를 위해 어떻게 달라질 수 있을까?"
> "나는 더 나은 선택을 할 준비가 되어 있는가?"
> "나는 이제, 더 나은 선택을 할 것이다."

6 자연이 주는 작은 깨달음
- 물은 같은 곳에 머물지 않는다

물은 같은 자리에 머물러 있지 않는다. 물이 흐르지 않으면, 결국 썩어버린다. 흐르는 강물은 새로운 길을 만들어 간다.
인간도 마찬가지다. 계속 같은 자리에 머물러 있다면, 발전할 수 없다.

"나는 계속 같은 자리에 머무르지 않을 것이다. 나는 더 나아갈 것이다."

7 명상 기도문 3가지

기도문 1 실수를 반복하지 않는 기도

"나는 나의 실수를 인정하지만, 반복하지 않을 것이다. 나는 같은 고통 속에 머무르지 않고, 앞으로 나아갈 것이다. 나는 더 나은 나를 만들 것이다."

기도문 2 **새로운 선택을 하는 기도**

"나는 변화할 수 있는 힘을 가지고 있다. 나는 내 삶을 더 나은 방향으로 이끌 것이다. 나는 새로운 길을 찾을 것이다."

기도문 3 **나를 성장시키는 기도**

"나는 실수를 통해 배운다. 나는 과거에 머물지 않고, 미래로 나아간다. 나는 더 성장한 나를 만날 것이다."

"나는 이제, 더 나은 나를 위해 걸어갈 것이다."

8 마무리

- 그래서 어쩌라고?

그래서, 또 같은 실수를 했다고?
그래서, 어쩌라고?
나는 더 이상 같은 실수를 반복하지 않을 것이다.
나는 더 나은 선택을 할 것이다.
"나는 변화할 수 없다고? 그래서 어쩌라고?"
그리고 그 뒤에 이렇게 덧붙이겠지.
"어쩌긴, 이제 진짜 달라지면 되지!"
우주의 기운을 모아 모아!
"나는 더 이상 같은 실수를 반복하지 않는다. 나는 새로운 선택을 할 것이다!"

7장
어릴 적 나에게 미안한 마음이 들 때

"미안하다, 그때 나는 몰랐다."

1 나는 어린 나에게 너무 가혹했다

"나는 왜 어릴 때 그렇게 하지 못했을까?"
"그때 나는 왜 그렇게 힘들어했을까?"
"나는 왜 그때 나를 지켜 주지 못했을까?"
"어릴 적의 나는, 그저 사랑받고 싶었을 뿐이었다."

부모에게 칭찬받고 싶어서 애쓰고, 친구들에게 맞추느라 자기 생각을 숨기고, 잘해야 한다는 압박감에 혼자 울고, 나보다 남을 먼저 배려하는 게 미덕이라고 배웠다.

그때는 몰랐다. 그게 나를 얼마나 힘들게 만들었는지. 그게 지금의 나에게 어떤 영향을 주었는지.

"나는 어릴 적 나에게 너무 미안하다."

2 나는 왜 어릴 적 나를 떠올리면 미안할까?

사례 1 **나는 늘 혼자 해결해야 했다.**

"어릴 때, 나는 내 문제를 스스로 해결해야 했다. 부모님은 바빴고, 친구들에게 말하면 창피할 것 같았고, 어른들에게 기대면 약한 사람처럼 보일까 봐 두려웠다. 그래서 나는 늘 혼자서 버텼다."

> **진실:** 어린 나에게 너무 많은 책임을 지게 했다.
> 어린아이는 보호받아야 하는 존재다. 하지만 우리는 너무 빨리 어른이 되어야 했다. 지금이라도, 그때의 나를 다독여 줄 필요가 있다.

사례 2 **나는 사랑받으려고 열심히 했다.**

"부모님이 나를 좋아하도록 노력해야 했다. 말을 잘 들어야 사랑받았고, 성적이 좋아야 칭찬받았다. 나는 그저 있는 그대로의 나로는 사랑받을 수 없다고 믿었다."

> **진실:** 사랑은 노력해서 얻어야 하는 것이 아니다.
> 우리는 이미 충분히 사랑받을 가치가 있는 존재였다. 하지만 '잘해야 사랑받는다'는 조건부 사랑을 배우면서, 있는 그대로의 나를 사랑하는 법을 잊어버렸다.

사례 3 **나는 늘 비교당하며 자랐다.**

"항상 '누구는 이렇게 했는데, 너는 왜 못 하니?', '동생은 이걸 잘하는데, 너는 왜 그래?' 비교당하는 게 당연한 줄 알았다. 나는 늘 부족한 사람 같았다."

> **진실:** 비교는 나를 갉아먹는다.
> 우리는 '다른 사람보다 나은 존재'가 되기 위해 노력했지만, 결국은 '나 자신이 불완전한 존재'라고 믿게 되었다. 하지만 비교하지 않아도, 나는 충분히 괜찮은 사람이었다.

3 심리학적으로 보면, 우리는 왜 어릴 적 나에게 미안할까?

1. 완벽한 사람이 되려는 강박

어린 시절, 실수하면 혼나고, 부족하면 지적받았다. 그래서 우리는 완벽해야 사랑받는다고 믿었다. 하지만 인간은 원래 불완전한 존재다.

2. 감정을 억눌렀던 습관

어린 시절, "울지 마!", "그 정도는 참아야지!"라는 말을 들으며 자랐다. 그래서 우리는 감정을 숨기는 게 익숙해졌다. 하지만 억눌린 감정은 결국 우리를 괴롭힌다.

3. 부족했던 나를 받아들이지 못함

"나는 그때 왜 그렇게 못했을까?"라는 후회가 남아 있다. 하지만 그때의 나는 최선을 다하고 있었다. 그때의 나를 인정하는 것이, 진짜 성장의 시작이다.

"나는 그때도 괜찮은 아이였다."

4 현실적인 해결 방법
– '어린 나'를 위로하는 방법

1. 그때의 나를 떠올리며 따뜻한 말 해 주기

거울을 보며, 어린 시절의 나에게 이야기해 보자.

"너는 충분히 잘했어."

"그때 너는 정말 최선을 다했어."

"이제는 네가 좀 쉬어도 돼."

2. 억눌린 감정을 꺼내어 인정하기

울고 싶다면, 울어도 괜찮다. 억눌린 감정을 인정하면, 비로소 사라지기 시작한다. 감정을 억누르는 대신, 자연스럽게 흘려보내자.

3. 내 감정을 바꾸는 마법의 주문
- 나는 어릴 때도 충분히 괜찮은 아이였다.
- 나는 더 이상 나를 책망하지 않는다.
- 나는 지금의 나를 있는 그대로 사랑한다.
- 그때의 나는 부족했던 것이 아니라, 그냥 어렸던 것이다.

5 마음공부: 나는 나를 용서할 수 있을까?

나는 어린 나에게 미안했지만, 이제는 괜찮다고 말해 줄 것이다.
나는 그때 최선을 다했다.
나는 부족했던 것이 아니라, 그냥 어렸던 것이다.
나는 이제, 나를 용서할 것이다.

★ 마음공부 – 나를 위한 질문 ★

"나는 지금까지 얼마나 나의 삶을 선택하며 살아왔는가?"
"타인의 기대를 버린다면, 나는 어떤 삶을 살고 싶은가?"
"나는 나를 위한 삶을 살 용기가 있는가?"
"나는 이제, 나를 위한 삶을 살 것이다."

6 자연이 주는 작은 깨달음
- 나무는 천천히 자란다

나무는 단 하루 만에 자라지 않는다. 작은 씨앗이 싹을 틔우고, 시간이 지나면서 천천히 뿌리를 내리고, 바람을 맞고, 비를 맞으며 강해진다. 인간도 마찬가지다.

"나는 천천히 자라왔고, 앞으로도 자랄 것이다."

7 명상 기도문 3가지

기도문 1 어린 나를 위로하는 기도

"사랑하는 나야, 그때 너는 충분히 잘했어. 너는 어렸고, 최선을 다했고, 그 누구보다도 소중한 존재였어."

기도문 2 나를 용서하는 기도

"나는 나의 실수를 용서한다. 나는 그때 나를 탓했지만, 이제는 따뜻하게 안아 줄 것이다. 나는 내 과거를 받아들이고, 앞으로 나아갈 것이다."

기도문 3 나를 사랑하는 기도

"나는 나를 있는 그대로 사랑한다. 나는 부족하지 않았고, 나는 잘못된 것이 아니었다. 나는 나를 지켜 줄 것이다."

"나는 이제, 나를 사랑하는 사람이 될 것이다."

8 마무리

– 그래서 어쩌라고?

그래서, 어린 시절이 힘들었다고?
그래서, 어쩌라고?
나는 이제, 그때의 나를 안아 줄 것이다.
나는 이제, 나를 있는 그대로 받아들일 것이다.
"어릴 적 나를 원망해도, 그래서 어쩌라고?"
그리고 그 뒤에 이렇게 덧붙이겠지.
"어쩌긴, 이제 나를 사랑하면 되지!"
우주의 기운을 모아모아!
"나는 나를 용서하고, 나를 사랑할 것이다!"

8장
내가 원하는 삶이 아닌, 타인이 원하는 삶을 살고 있을 때

"이 삶은 대체 누구의 것인가?"

1 내 인생인데, 왜 내가 선택하지 못할까?

"내가 정말 원하는 게 뭔지 모르겠어."
"가족이 원하는 대로 살아왔는데, 나는 행복하지 않아."
"언제부터인가, 나보다 남의 기대를 먼저 신경 쓰고 있다."
"나는 언제부터 내 삶을 스스로 선택할 수 없었던 걸까?"

부모님의 기대에 맞춰 대학을 정하고, 사회에서 인정받으려 직업을 선택하고, 주변의 시선 때문에 '적당히 괜찮은' 인생을 살고 있다. 하지만 가끔, 문득, 이런 생각이 든다.

'이게 정말 내가 원했던 삶이었을까?'

2 나는 왜 타인의 기대에 맞춰 살고 있을까?

사례 1 **부모님이 원하는 대로 살아야 한다고 배웠어요.**

"나는 어릴 때부터 부모님이 정해 준 길을 따라갔어요. 내가 하고 싶은 일이 따로 있었지만, '그건 나중에 해도 된다'고 생각했죠. 그런데 인제 와서 보니, 나는 그저 부모님이 원했던 삶을 살고 있더라고요."

> **진실:** 부모님의 기대는 '나의 행복'과 일치하지 않을 수도 있다.
> 부모님은 나를 사랑하지만, 부모님이 원하는 길이 내 인생의 정답은 아니다.
> 내가 진짜 원하는 삶을 찾을 용기가 필요하다.

사례 2 사람들에게 인정받고 싶어서, 내 감정을 무시했어요.

"사람들에게 좋은 사람이고 싶었어요. 그러다 보니 나보다 남을 먼저 생각하고, 결국은 내가 원하는 삶이 아니라, 남이 기대하는 삶을 살게 됐어요."

> **진실:** 인정받고 싶은 욕구가 내 삶을 제한할 수도 있다.
> 우리는 '좋은 사람'이고 싶어 한다. 하지만 남을 만족시키기 위해 나를 희생하면, 결국 불행해진다. 타인의 기대보다, 나의 행복이 우선이다.

사례 3 나는 안정적인 길을 택했지만, 행복하지 않아요.

"무난한 직업, 무난한 결혼, 무난한 인생을 선택했어요. 안정적인 삶을 원했지만, 정작 나는 즐겁지 않아요. 도대체 나는 어디서부터 잘못된 걸까요?"

> **진실:** '안정'을 선택하는 것이 곧 '행복'은 아니다.
> 안정적인 길을 가는 것도 중요하지만, 그것이 나를 지치게 만든다면, 다시 생각해 봐야 한다.
> 내가 행복을 느낄 수 있는 길이 무엇인지 고민해 볼 필요가 있다.

3 심리학적으로 보면, 우리는 왜 타인의 기대에 맞춰 살까?

1. 착한 아이 콤플렉스 – 거절하면 미안해서

우리는 어릴 때부터 '남을 배려해야 한다'고 배웠다. 그래서 자기 의견을 내기보다, 남의 기대를 맞추려 한다.

2. 사회적 인정 욕구 – 남들이 인정해 주는 길이 정답 같아서

부모님, 친구, 직장 동료에게 '괜찮은 사람'으로 보이고 싶다. 하지만 그것이 진짜 내 행복과 연결되는 것은 아니다.

3. 안정과 익숙함 – 새로운 도전을 두려워해서

변화는 두렵다. 그래서 지금이 답답해도, '익숙한 불행'을 선택한다.

"내 삶은 남의 것이 아니라, 내 것이다."

4 현실적인 해결 방법
– 나의 삶을 찾는 연습

1. 내가 진짜 원하는 것이 무엇인지 질문하기
- 부모님이 원하는 것 말고, 내가 원하는 것은 무엇인가?
- 사회적으로 좋은 직업 말고, 내가 하고 싶은 일은 무엇인가?
- 남들에게 멋져 보이는 삶 말고, 내가 행복한 삶은 무엇인가?

2. 작은 선택부터 연습하기
- 대단한 변화가 아니라, 작은 변화부터 시작하자.
- 남이 정해 준 것이 아닌, 내 스스로 선택하는 경험을 늘려 가자.
- '나는 내 삶의 주인이다'라는 생각을 매일 떠올려 보자.

3. 내 감정을 바꾸는 마법의 주문
- 나는 내 인생을 선택할 수 있다.
- 나는 타인의 기대보다, 나의 행복을 중요하게 생각한다.
- 나는 내 삶의 주인이 될 것이다.

- 나는 이제, 내 삶을 스스로 선택할 것이다.

5 마음공부: 나를 위한 삶이란 무엇일까?

나는 남이 원하는 삶이 아니라, 내가 원하는 삶을 살 것이다.
나는 내 선택을 존중할 것이다.
나는 타인의 기대보다, 내 행복을 우선할 것이다.
나는 나를 위한 삶을 살아갈 것이다.

> ★ 마음공부 – 나를 위한 질문 ★
> "나는 지금까지 얼마나 나의 삶을 선택하며 살아왔는가?"
> "타인의 기대를 버린다면, 나는 어떤 삶을 살고 싶은가?"
> "나는 나를 위한 삶을 살 용기가 있는가?"
> "나는 이제, 나를 위한 삶을 살 것이다."

6 자연이 주는 작은 깨달음
– 강물은 자기 길을 찾는다

강물은 남이 만들어 놓은 길을 따라 흐르지 않는다. 강물은 스스로 길을 만든다. 장애물이 있어도, 돌아가면서 흐른다.

인생도 마찬가지다. 타인이 만들어 놓은 길을 따르는 것이 아니라, 나만의 길을 만들어야 한다.

"나는 이제, 내 삶을 스스로 개척할 것이다."

7 명상 기도문 3가지

기도문 1 **내 삶을 선택하는 기도**

"나는 내 삶을 살아갈 것이다. 나는 더 이상 타인의 기대에 나를 맞추지 않을 것이다. 나는 나를 위한 선택을 할 것이다."

기도문 2 **나를 위한 용기의 기도**

"나는 내 선택을 존중한다. 나는 내 삶을 온전히 받아들이고, 나를 위한 길을 걸어갈 것이다."

기도문 3 **나를 사랑하는 기도**

"나는 나를 소중하게 여긴다. 나는 남이 원하는 것이 아니라, 내가 원하는 것을 선택할 것이다."

"나는 이제, 내 삶의 주인이 될 것이다."

8 마무리

- 그래서 어쩌라고?

그래서, 타인의 기대에 맞춰 살았다고?
그래서, 어쩌라고?
나는 이제, 남이 원하는 삶이 아니라, 내가 원하는 삶을 선택할 것이다.
"타인의 기대를 따라가면, 그래서 어쩌라고?"
그리고 그 뒤에 이렇게 덧붙이겠지.
"어쩌긴, 이제 내 길을 걸으면 되지!"
우주의 기운을 모아 모아!
"나는 내 삶을 온전히 선택할 것이다!"

9장
꿈을 이루고 싶은데, 왜 용기가 나지 않을까?

"망할까 봐 못 하겠어? 안 해 보면 그냥 망한 거야."

1 왜 나는 시작조차 하지 못할까?

"내가 정말 원하는 게 있는데, 왜 시작할 용기가 나지 않을까?"
"어쩌면 실패할 수도 있겠지, 근데… 그래서 아무것도 안 하면 달라질까?"
"잘하는 것도 아니고, 성공할 자신도 없는데, 괜히 시작했다가 후회하면 어쩌지?"
"이룰 수 있을까? 아니, 그 전에… 시작할 용기조차 나지 않는다."

새로운 도전을 하고 싶어도, 실패하면 어쩌나 걱정되고, 남들이 를 비웃을까 두렵고, 그래서 결국, 아무것도 하지 못한 채 시간이 흘러간다.
하지만 가만히 있는다고 꿈이 저절로 이루어지는 건 아니다.

"그렇다면, 나는 왜 용기를 내지 못할까?"

2 나는 왜 도전하지 못하는 걸까?

사례 1 **나는 늘 실패할 것 같아 두려워요.**

"어릴 때부터 '실패하면 안 된다'는 말을 듣고 자랐어요. 그래서 뭔가를 시작하려 하면, 먼저 '만약 실패하면 어떡하지?'라는 생각이 들어요."

> **진실:** 실패가 두려운 것이 아니라, '실패한 나'를 견딜 자신이 없는 것이다. 실패가 끝이 아니다. 하지만 우리는 실패를 두려워하면서, 아예 시도조차 하지 않는다. 실패하지 않는 방법은 없다. 단, 실패 속에서 배우는 것이 중요할 뿐.

사례 2 나는 남들이 나를 어떻게 볼까 봐 걱정돼요.

"사람들이 '쟤 왜 저래?'라고 생각할까 봐, 내가 뭔가 시작하는 게 너무 부담스러워요. 괜히 시작했다가 창피해질까 봐 무서워요."

> **진실:** 남들은 나에게 관심이 없다.
> 사람들은 내 삶에 그렇게 깊은 관심을 두지 않는다. 내가 잘되든, 실패하든, 그들의 인생에는 큰 영향을 주지 않는다. 그러니 남의 시선을 신경 쓰느라 내 꿈을 미루지 말자.

사례 3 나는 완벽하게 준비되지 않으면 시작할 수 없어요.

"이왕 하는 거 제대로 해야 한다고 생각해요. 그래서 계획만 세우고, 준비만 하다가 정작 시작을 못 해요."

> **진실:** 완벽한 준비는 불가능하다.
> 시작해야 알 수 있는 것들이 있다. 아무리 준비해도 예상치 못한 변수가 생긴다. 완벽을 기다리다 보면, 결국 아무것도 하지 못한다.

3 심리학적으로 보면, 우리는 왜 용기를 내지 못할까?

1. 생존 본능 – 위험을 피하려는 본능

인간의 뇌는 변화보다 익숙한 것을 안전하다고 느낀다.
그래서 새로운 도전을 할 때 불안과 두려움이 먼저 찾아온다.

2. 인지 부조화 – 지금 상태가 더 나을 것 같은 착각

변화가 필요하다고 생각하지만, 동시에 '이대로도 괜찮지 않을까?'라는 생각이 들게 된다. 결국, 현실을 바꾸지 못하고 머무르게 된다.

3. 학습된 무기력 – 과거의 실패가 트라우마가 되어서

몇 번 실패하고 나면, '나는 원래 안 되는 사람이야'라는 생각이 든다. 그리고 그 생각이 계속 반복되면서, 자신감을 잃어버린다.

"변화는 두렵지만, 그 두려움을 이겨 내야 새로운 길이 열린다."

4 현실적인 해결 방법
– 용기를 내는 연습

1. 작은 도전부터 시작하기

거창한 목표가 아니라, 오늘 할 수 있는 작은 도전부터 해 보자.
'완벽한 결과'보다, '시작했다'는 사실에 집중하자.
처음부터 잘할 필요 없다. 중요한 건, 계속하는 것이다.

2. 실패를 두려워하지 않기

실패하면, 그때 가서 다시 하면 된다. 실패할까 봐 아무것도 하지 않는 것이 더 큰 실패다. 시도하는 사람만이 결과를 얻는다.

3. 내 감정을 바꾸는 마법의 주문

- 나는 시도할 것이다. 결과가 아니라, 도전 자체에 의미를 두겠다."
- 나는 실패해도 괜찮다. 실패 속에서도 배울 것이 있다.
- 나는 내 꿈을 향해 한 걸음 내디딜 것이다.
- 나는 이제, 내 꿈을 향해 나아갈 것이다.

5 마음공부: 나의 꿈은 무엇인가?

나는 두려움을 이겨 내고, 내 꿈을 향해 나아갈 것이다.
나는 꿈을 꾸는 것만으로도 가치 있는 사람이다.
나는 실패를 두려워하지 않고, 계속 도전할 것이다.
나는 내 가능성을 믿는다.

> ★ 마음공부 - 나를 위한 질문 ★
> "나는 왜 용기를 내지 못하고 있는가?"
> "내가 가장 두려워하는 것은 무엇인가?"
> "내가 한 걸음 나아간다면, 어떤 변화가 생길까?"
> "나는 이제, 내 꿈을 향해 나아갈 것이다."

6 자연이 주는 작은 깨달음
- 새싹은 땅을 뚫고 올라온다

새싹이 땅을 뚫고 나오는 것은 쉽지 않다. 하지만 빛을 향해 나아가기 위해, 스스로 힘을 내어 올라온다.
두려움이 있어도, 꿈이 있다면 나아가야 한다.
새싹처럼, 나는 나만의 길을 만들 것이다.

"나는 두려움을 뚫고, 꿈을 향해 나아갈 것이다."

7 명상 기도문 3가지

기도문 1 용기를 내는 기도

"나는 두려워도 걸어갈 것이다. 나는 나의 가능성을 믿으며, 내 안에 있는 힘을 꺼낼 것이다."

`기도문 2` **실패를 두려워하지 않는 기도**

"나는 실패를 두려워하지 않는다. 실패는 끝이 아니라, 새로운 시작이다. 나는 다시 일어나 걸어갈 것이다."

`기도문 3` **꿈을 이루는 기도**

"나는 내 꿈을 향해 나아갈 것이다. 나는 내 길을 만들고, 나만의 인생을 살아갈 것이다."

"나는 이제, 내 꿈을 향해 걸어갈 것이다."

8 마무리
- 그래서 어쩌라고?

그래서, 도전이 두렵다고?
그래서, 어쩌라고?
나는 이제, 두려움을 핑계로 내 꿈을 미루지 않을 것이다.
나는 이제, 내 길을 스스로 선택할 것이다.
"내가 실패할 수도 있다고? 그래서 어쩌라고?"
그리고 그 뒤에 이렇게 덧붙이겠지.
"어쩌긴, 도전하면 되지!"
우주의 기운을 모아 모아!
"나는 두려움을 딛고, 내 꿈을 향해 나아간다!"

10장
언제까지 좋은 사람으로 살아야 할까?

"착한 거랑 만만한 거랑은 다르다."

1 왜 나는 항상 좋은 사람이 되려고 할까?

"싫어도 '괜찮아'라고 말한다."
"도와주기 싫어도 '알았어'라고 한다."
"화가 나도 '괜찮아'라고 한다."
"내가 희생해야 관계가 유지될 것 같아서 참는다."
"나는 언제부터 이렇게 '좋은 사람'이 되어야 한다고 생각했을까?"

늘 배려하는 사람, 다정한 사람, 문제없이 둥글둥글한 사람이어야 할 것 같았다. 그런데 문제는, 그렇게 하면서 정작 '나'를 챙긴 적은 별로 없다는 것.

"나는 언제까지 좋은 사람이어야 할까?"

2 나는 왜 남을 위해 희생하는 걸까?

사례 1 나는 거절이 너무 어렵다.

"어떤 부탁을 받으면, 싫어도 '네'라고 해 버려요. 거절하면 미움받을까 봐, 관계가 어색해질까 봐 걱정돼요. 그래서 늘 손해 보면서도 도와주고, 결국엔 내가 지쳐요."

> **진실:** 거절하면 관계가 망가질 거라는 착각이 있다.
> 거절한다고 해서 관계가 끝나는 것이 아니다. 나를 진짜 소중하게 생각하는 사람은, 내 'No'도 존중해 준다. 거절하지 못하면 결국 나만 힘들어진다.

사례 2 나는 남의 기분을 너무 신경 써요.

"누군가 기분이 나쁘면, 내가 뭘 잘못했나 먼저 생각해요. 내가 더 배려했어야 했나, 뭔가 실수했나 걱정돼요. 그래서 늘 사람들의 눈치를 보게 돼요."

> **진실:** 남의 감정은 내가 책임질 일이 아니다.
> 우리는 남의 감정을 내가 컨트롤할 수 있을 거라고 착각한다. 하지만 사람의 기분은 '그 사람의 문제'다. 남의 감정을 책임지려다 보면, 내 감정은 망가진다.

사례 3 나는 늘 좋은 사람이 되려고 노력하는데, 왜 나는 외로울까?

"다른 사람을 위해 애쓰는데, 정작 나는 외롭고 허전해요. 나는 항상 남을 챙기는데, 정작 나를 챙겨 주는 사람은 없는 것 같아요."

> **진실:** 좋은 사람 콤플렉스는 결국 나를 고립시킨다. 착한 사람일수록 쉽게 상처받는다. 남을 챙기는 데 익숙한 사람은, 자기 자신을 챙기는 방법을 모른다. 그래서 더 외롭고, 더 지치게 된다.

3 심리학적으로 보면, 우리는 왜 '좋은 사람'이 되려고 할까?

1. 타인의 기대에 맞춰야 한다는 압박 – 착해야 살아남는다는 믿음

우리는 살아오면서 '좋은 사람이어야 한다'는 말을 많이 듣는다.
타인의 기대를 충족해야 안전한 인간관계를 유지할 수 있다고 생각한다.

2. 거절에 대한 두려움 – 관계가 깨질까 봐

거절하면 상대가 나를 싫어할까 봐 걱정된다. 하지만 진짜 좋은 관계는 거절해도 유지된다.

3. 자기 존재에 대한 불안감 – 좋은 사람이 아니면 가치가 없을까 봐

내가 착한 사람이 아니면, 사람들이 나를 소중하게 생각하지 않을까 봐 걱정된다. 하지만 진짜 나를 소중히 여기는 사람은, 내가 착해서가 아니라 나 자체를 좋아한다.

> "착해야 사랑받는 게 아니다.
> 나를 있는 그대로 받아들이는 사랑이 진짜 내 사랑이다."

4 현실적인 해결 방법
– '착한 사람 콤플렉스'에서 벗어나기

1. 착한 사람이 아니라, 나를 지키는 사람이 되기

남을 배려하되, 나를 희생하지 않는다. 무조건 돕기보다, '이게 내게도 괜찮은 일인가?' 먼저 생각한다.

착한 사람이 아니라, '나를 소중히 하는 사람'이 되자.

2. 거절을 연습하기

"미안하지만, 이번에는 어렵겠어요."
"나는 지금 내 시간을 더 지키고 싶어요."
"내가 해 줄 수 있는 선에서는 도와줄게."

3. 내 감정을 바꾸는 마법의 주문

- 나는 착해야 하는 것이 아니라, 나를 소중히 해야 한다.

- 나는 남의 감정을 책임질 필요가 없다.
- 나는 좋은 사람이 아니라, 건강한 사람이 될 것이다.
- 나는 이제, 나를 더 사랑할 것이다.

5 마음공부: 착한 사람이 아니라, 나를 지키는 사람이 되기

나는 나를 돌볼 것이다.
나는 남을 배려하지만, 나를 희생하지 않는다.
나는 '좋은 사람'이 아니라, '소중한 사람'이 될 것이다.
나는 나의 감정을 존중하며 살아갈 것이다.

> ★ 마음공부 – 나를 위한 질문 ★
> "나는 지금까지 착하기 위해 얼마나 나를 희생했는가?"
> "나는 언제 거절을 해야 하는가?"
> "나는 착한 사람이 아니라, 어떤 사람이 되고 싶은가?"
> "나는 이제, 나를 우선할 것이다."

6 자연이 주는 작은 깨달음
– 태양은 모든 걸 비추지 않는다

태양은 모든 걸 비추지 않는다. 태양은 적당한 곳에 빛을 주지만, 모든 것을 밝히지는 않는다. 자연도, 세상도 모든 걸 만족시키려 하지 않는다.
인간도 마찬가지다. 나는 모든 사람을 만족시킬 필요가 없다.

"나는 이제, 나를 더 아끼는 사람이 될 것이다."

7 명상 기도문 3가지

기도문 1 나를 위한 기도

"나는 남을 배려하지만, 나를 희생하지 않는다. 나는 내 감정을 존중하며 살아갈 것이다. 나는 착한 사람이 아니라, 건강한 사람이 될 것이다."

기도문 2 거절의 용기를 가지는 기도

"나는 타인의 기대보다, 나의 감정을 먼저 생각할 것이다. 나는 나를 존중하며, 내 감정을 소중히 여길 것이다. 나는 나를 아끼는 사람이 될 것이다."

기도문 3 나를 사랑하는 기도

"나는 나를 더 소중하게 여길 것이다. 나는 더 이상 착한 사람이 되기 위해 나를 희생하지 않는다. 나는 나를 지키며, 건강한 관계를 만들어갈 것이다. 나는 이제, 나를 위한 삶을 살 것이다."

8 마무리

- 그래서 어쩌라고?

그래서, 착해야 한다고?
그래서, 어쩌라고?
나는 이제, 착한 사람이 아니라
나를 지키는 사람이 될 것이다.
"나는 좋은 사람이 되어야 한다고? 그래서 어쩌라고?"
그리고 그 뒤에 이렇게 덧붙이겠지.
"어쩌긴, 이제 나부터 챙기면 되지!"
우주의 기운을 모아 모아!
"나는 나를 소중히 여길 것이다!"

11장
내가 선택한 길이 맞는 걸까?

"남들은 다 저 앞에 가 있는데, 나만 제자리 같을 때."

1 나는 제대로 가고 있는 걸까?

"내가 선택한 길이 맞는지 확신이 안 선다."
"이 길을 계속 가야 하는 건지, 돌아서야 하는 건지 모르겠다."
"다른 사람들은 다 잘나가 보이는데, 나는 왜 이러고 있을까?"
"나만 뒤처진 것 같고, 어쩌면 완전히 잘못된 길을 걷고 있는 것 같기도 하다."
"길을 가다 보면, 한 번쯤은 멈춰 서서 돌아보게 된다. '이 길이 맞나?', '나는 제대로 가고 있는 걸까?', '혹시 엉뚱한 방향으로 가고 있는 건 아닐까?' 그런 생각이 들면, 발걸음이 무거워진다."

대학을 졸업한 뒤 막막한 사람, 원하는 직업을 찾아 헤매는 사람, 지금 하는 일이 맞는지 의심스러운 사람, 인생의 방향을 점검하고 싶은 사람…. 이 글을 읽고 있는 당신도, 아마 그런 고민을 하고 있을 것이다.

"지금 내가 가고 있는 길, 정말 맞는 걸까?"

2 나는 왜 길을 잃은 것처럼 느낄까?

> **사례 1** **나는 도대체 뭘 해야 할지 모르겠어요.**

"대학을 졸업하고 나니까, 막막해졌어요. 어릴 때는 '이걸 해야겠다' 싶었는데, 막상 현실에 부딪히니 잘 모르겠어요. 내가 지금 제대로 가고 있는 걸까요?"

> **진실:** '막막함'은 길을 잃은 게 아니라, 아직 확신이 없어서다.
> 길이 없어서가 아니라, '어떤 길이 내 길인지 아직 찾는 중'이다.
> 확신이 없는 건 당연한 거다.
> 살면서 한 번도 길을 점검하지 않는 사람이 더 드물다.

> **사례 2** **나는 너무 뒤처진 것 같아요.**

"SNS를 보면, 친구들은 다 멋진 회사 다니고, 좋은 사람 만나서 결혼도 하고, 인생이 너무 잘 풀리는 것 같아요. 그런데 나는 아직도 이러고 있어요. 나는 너무 늦은 걸까요?"

> **진실:** 인생은 속도 경쟁이 아니다.
> 우리는 각자 '자기만의 시간표'를 가지고 있다. 누군가는 20대에 성공하고, 누군가는 40대에 성공한다. 남과 비교하는 순간, 내 길을 제대로 갈 수 없다.

> **사례 3** **이 길을 계속 가야 할까요, 아니면 포기해야 할까요?**

"지금 하는 일이 맞는 건지 모르겠어요. 그만두고 다시 시작해야 하는 걸까요? 아니면 참고 계속 가야 하는 걸까요?"

> **진실:** 포기해야 할 때와 버텨야 할 때를 구별하는 것이 중요하다.
> '힘들어서' 포기하는 것과, '맞지 않아서' 포기하는 것은 다르다. 도전할 가치가 있는 일이라면, 버티는 것이 맞다. 하지만 내가 전혀 행복하지 않은 길이라면, 다시 생각해 볼 필요가 있다.

3 심리학적으로 보면, 우리는 왜 방향을 의심할까?

1. 인지 부조화 – 선택 후 불안감이 커진다.

우리는 어떤 선택을 하면 그 선택이 맞았다는 확신을 원하지만, 시간이 지나면서 의심이 생긴다. 그래서 현재의 길이 맞는지 계속 고민하게 된다.

2. 사회적 비교 – 남들과 비교하며 불안해진다.

내 삶이 나쁘지 않아도, 주변에 더 잘나가는 사람이 보이면 불안해진다. 특히 SNS에서 '완벽한 인생'을 보여 주는 사람들과 비교하면서 위축된다.

3. 미래에 대한 두려움 – 확신이 없으면 불안하다.

인간은 미래를 예측할 수 없을 때 가장 불안함을 느낀다. 그래서 지금 가는 길이 맞는지 고민하는 것이 당연하다.

"모든 사람이 한 번쯤은 길을 의심한다. 하지만 멈춘다고 길이 보이는 건 아니다."

4 현실적인 해결 방법
  – 내 길을 확신하는 연습

1. 현재의 나를 점검하기

"나는 이 길을 가면서 행복한가?"
"나는 이 일을 계속하고 싶은가?"
"이 길이 나를 성장시키고 있는가?"

2. 남들과 비교하지 않기

인생은 속도 경쟁이 아니다. 각자의 시간표가 다를 뿐, 늦은 것이 아니다. 중요한 건, 남들이 아니라 나 자신과 비교하는 것이다.

3. 내 감정을 바꾸는 마법의 주문
- 나는 내 길을 가고 있다. 남들과 비교하지 않는다.
- 나는 지금 충분히 잘하고 있다. 조급해하지 않는다.
- 나는 내가 원하는 방향으로 가고 있다.
- 나는 이제, 나의 길을 더 믿을 것이다.

5 마음공부: 내 길을 믿는 연습

나는 남들과 비교하지 않는다.
나는 내 길을 가고 있다.
나는 나만의 속도로 가고 있다.
나는 내가 원하는 방향으로 가고 있다.

★ 마음공부 - 나를 위한 질문 ★
"나는 지금 이 길을 가면서 행복한가?"
"나는 나의 속도를 인정하고 있는가?"
"나는 조급해하지 않고 내 길을 믿을 수 있는가?"
"나는 이제, 내 길을 믿고 걸어갈 것이다."

---

6 자연이 주는 작은 깨달음
- 산의 높이는 다 다르다

모든 산은 높이가 다르다. 어떤 산은 금방 오를 수 있고, 어떤 산은 시간이 오래 걸린다. 하지만 높이가 다르다고 해서, 가치가 다른 것은 아니다.

"나는 나만의 산을 오르고 있다."

7 명상 기도문 3가지

기도문 1 내 길을 믿는 기도

"나는 내 길을 가고 있다. 나는 조급해하지 않는다. 나는 나의 속도를 믿는다."

기도문 2 남들과 비교하지 않는 기도

"나는 나의 삶을 사랑한다. 나는 남들과 비교하지 않는다. 나는 나만의 길을 걸을 것이다."

기도문 3 확신을 가지는 기도

"나는 내 길이 맞다고 믿는다. 나는 앞으로 나아갈 것이다. 나는 내가 원하는 삶을 살아갈 것이다."

"나는 이제, 내 길을 믿고 걸어갈 것이다."

8 마무리

- 그래서 어쩌라고?

그래서, 내가 가는 길이 맞는지 모르겠다고?
그래서, 어쩌라고?
나는 이제, 남들과 비교하지 않을 것이다.
나는 이제, 내 속도로 걸어갈 것이다.
"내가 늦는 것 같아도, 그래서 어쩌라고?"

그리고 그 뒤에 이렇게 덧붙이겠지.
"어쩌긴, 내 속도로 가면 되지!"
우주의 기운을 모아 모아!
"나는 나만의 속도로, 나만의 길을 걸을 것이다!"

12장
어른이 된다는 건, 그냥 버티는 걸까?

"어릴 때 꿈꾸던 어른과 지금의 나 사이의 거리."

1 어른이 된다는 건, 대체 뭐지?

어릴 때는 어른이 되면 다 해결될 줄 알았다. 막상 어른이 되어 보니, 하루하루 버티는 게 전부인 것 같다. 책임감은 늘어나고, 고민도 커지고, 인생은 복잡해졌다. 어른이 된다는 건, 결국 견디는 것일까? 어릴 때 생각했던 어른과 지금의 나는 너무 다르다.

어릴 때는 어른이 되면 뭐든 다 알게 될 줄 알았다. 그런데 막상 어른이 되고 보니 뭐 하나 확실한 게 없다. 계속 고민하고, 계속 불안하고, 계속 실수하면서 살아간다.

"어른이 된다는 건, 정말 그냥 버티는 걸까?"

2 어른이 되면 다 괜찮아질 줄 알았는데?

사례 1 나는 아직도 불안한데, 어른 맞나요?

"어릴 땐 30대가 되면 모든 게 안정될 줄 알았어요. 그런데 막상 30대가 되니까, 여전히 불안하고 혼란스러워요. 어른이 된다는 건 뭘까요?"

> **진실:** 불안은 어른이 되어서도 사라지지 않는다.
> 나이를 먹는다고 해서, 모든 걸 알게 되는 건 아니다. 어른도 불안을 안고 살아간다. 중요한 건, 불안을 없애려는 게 아니라, 불안과 함께 살아가는 법을 배우는 것이다.

사례 2 나는 남들보다 너무 느린 것 같아요.

"친구들은 다 자리 잡고, 결혼도 하고, 안정적인 삶을 사는데, 나는 아직도 방황하고 있어요. 나는 너무 뒤처진 걸까요?"

> **진실:** 어른이 되는 속도는 사람마다 다르다.
> 어른이 되는 건 나이에 따라 정해지는 게 아니다. 누군가는 20대에 안정되고, 누군가는 50대가 되어서야 자신의 길을 찾는다.
> 인생의 타이밍은 각자 다를 뿐, 늦은 것이 아니다.

사례 3 어른이 되면 외롭다고 하더니, 진짜네요.

"학생 때는 친구도 많고, 늘 시끌벅적했는데, 어른이 되니 인간관계가 점점 줄어들어요. 혼자 있는 시간이 늘어나니까 외롭네요."

> **진실:** 어른이 될수록, 관계는 '질'로 바뀐다.
> 어릴 때는 '관계의 양'이 중요했다면, 어른이 되면서는 '관계의 질'이 더 중요해진다. 모든 사람을 붙잡는 것이 아니라, 소중한 사람을 남기는 것이 필요하다.

3 심리학적으로 보면, 우리는 왜 어른이 되는 걸 힘들어할까?

1. 성인 우울증 – 책임이 늘어나면서 오는 무력감

어릴 때는 부모님이 해결해 주던 문제들을 이제는 스스로 해결해야 하는 상황이 많아진다. 이때 현실적인 스트레스가 커지면서 무력감을 느끼게 된다.

2. 사회적 비교 – 남들과 비교할수록 불안해진다.

어릴 때는 다 같이 출발선이 같지만, 어른이 되면 각자의 속도가 다르다. 누군가는 빨리 자리 잡고, 누군가는 늦어진다. 이 차이를 받아들이는 것이 힘들어질 수 있다.

3. 고립감 – 인간관계가 자연스럽게 줄어든다.

학창시절에는 매일 보던 친구들이 있지만, 어른이 되면서 각자의 삶이 바빠지고, 관계가 멀어진다. 이때 외로움을 느끼는 것이 자연스러운 과정이다.

"어른이 되는 건 힘들지만, 그렇다고 나쁜 것만은 아니다."

4 현실적인 해결 방법
– '어른이 되는 과정' 받아들이기

1. 불안을 없애려 하지 말고, 다루는 법을 배우기

불안을 없애려고 하면 더 커진다. 불안을 '없앨 대상'이 아니라, '관리할 대상'으로 바라보자.

"나는 불안을 느낄 수 있지만, 불안이 나를 지배하게 두지 않을 것이다."

2. 나만의 속도로 가기

인생은 속도 경쟁이 아니다. 누구보다 빠르게 가는 게 아니라, '내 길'을 가는 게 중요하다.

"나는 나만의 속도로, 내 방식대로 살아갈 것이다."

3. 내 감정을 바꾸는 마법의 주문
- 나는 충분히 잘하고 있다.
- 나는 나만의 시간표를 따른다.
- 나는 지금 이 순간도 충분히 가치 있다.
- 나는 이제, 나의 속도를 믿을 것이다.

5 마음공부: 어른이 된다는 것의 의미

어른이 된다는 건, 나를 더 알아가는 과정이다.
나는 불안을 다루는 법을 배울 것이다.
나는 남들과 비교하지 않을 것이다.
나는 내 속도로 살아갈 것이다.

> ★ 마음공부 – 나를 위한 질문 ★
> "나는 지금 어른이 되는 과정에서 어떤 감정을 느끼고 있는가?"
> "나는 나의 속도를 인정할 수 있는가?"
> "나는 불안과 함께 살아가는 법을 배우고 있는가?"
> "나는 이제, 나를 믿을 것이다."

6 자연이 주는 작은 깨달음
– 나무는 한 계절 만에 자라지 않는다

나무는 천천히 자란다. 봄에는 새싹을 틔우고, 여름에는 잎을 넓히고, 가을에는 단단해지고, 겨울에는 쉬어 간다.

"나는 나만의 속도로 자라고 있다."

7 명상 기도문 3가지

기도문 1 불안을 다루는 기도

"나는 불안을 느끼지만, 불안이 나를 지배하게 두지 않는다. 나는 나의 길을 가고 있으며, 나만의 속도로 자라고 있다."

기도문 2 남들과 비교하지 않는 기도

"나는 다른 사람들과 비교하지 않는다. 나는 나만의 시간표를 따른다. 나는 지금 이 순간도 충분히 가치 있다."

기도문 3 나를 믿는 기도

"나는 나를 믿는다. 나는 나의 속도로, 나만의 방식대로 살아간다. 나는 충분히 잘하고 있다."

"나는 이제, 나를 믿고 살아갈 것이다."

8 마무리

- 그래서 어쩌라고?

그래서, 아직도 어른이 되는 게 힘들다고?
그래서, 어쩌라고?
나는 이제, 나를 믿고 살아갈 것이다.
나는 이제, 내 속도로 걸어갈 것이다.
"어른이 되는 게 버티는 거라고? 그래서 어쩌라고?"
그리고 그 뒤에 이렇게 덧붙이겠지.
"어쩌긴, 나답게 살아가면 되지!"
우주의 기운을 모아 모아!
"나는 나만의 속도로, 나만의 삶을 살아갈 것이다!"

13장
나는 왜 내가 원하는 걸 잘 모를까?

"진짜 내 꿈이 뭔지도 모르겠고, 그냥 돈 벌고 사는 중."

1 나는 대체 뭘 하고 싶은 걸까?

"진짜 내가 원하는 게 뭔지 모르겠다."
"남들은 다 목표가 있어 보이는데, 나는 그냥 떠밀려 사는 것 같다."
"어릴 때 꿈꾸던 것과 현실이 너무 달라서 헷갈린다."
"지금 하는 일이 맞는 건지, 혹은 다른 걸 해야 하는 건지 모르겠다."
"어릴 때는 분명 내가 좋아하는 게 있었는데, 어느 순간부터 그냥 살아가고 있는 것 같다."

목표가 없어서 방황하는 사람, 지금 하는 일이 맞는지 의심하는 사람, 꿈을 찾고 싶은데 뭘 해야 할지 모르는 사람, 그냥 돈 벌기 위해 살고 있지만, 뭔가 허전한 사람…. 이 글을 읽고 있는 당신도, 아마 그런 고민을 하고 있을 것이다.

"나는 왜 내가 원하는 걸 모를까?"

2 나는 왜 내가 뭘 원하는지 모르겠을까?

사례 1 그냥 돈 벌고 사는 중인데, 이게 맞나 싶어요.

"특별히 하고 싶은 것도 없고, 그냥 주어진 대로 살고 있어요. 일이 싫지는 않은데, 그렇다고 진짜 내가 원하는 삶인지도 모르겠어요. 그냥 돈 벌고 사는 게 맞는 걸까요?"

> **진실:** 원하는 것이 없어서가 아니라, 찾지 않아서다.
> 많은 사람이 주어진 삶을 살다 보니, 스스로 원하는 걸 생각할 기회가 없었다. 우리가 원하는 것은 어느 날 갑자기 떠오르는 게 아니라, 경험을 통해 발견하는 것이다. 진짜 원하는 걸 찾으려면, 내가 경험을 넓혀야 한다.

사례 2 내가 뭘 좋아하는지도 모르겠어요.

"하고 싶은 것도, 좋아하는 것도 모르겠어요. 친구들은 자기가 좋아하는 일을 찾아서 하는데, 저는 그냥 시간만 흘러가는 느낌이에요."

> **진실:** 원하는 것을 모르는 이유는, 경험이 부족해서다.
> 우리가 원하는 걸 모르고 있는 게 아니라, 아직 경험하지 못했을 뿐이다. 하고 싶은 걸 찾으려면, 이것저것 시도해 보는 과정이 필요하다. 새로운 취미, 직업, 사람들과의 만남을 통해 내가 좋아하는 것을 찾을 수 있다.

사례 3 나는 늘 선택을 남한테 맡겼어요.

"부모님이 정해 준 길을 따라갔고, 주변에서 좋다는 직업을 선택했고, 남들이 하는 대로 따라 살았어요. 그러다 보니, 정작 나는 뭘 원하는지 모르겠어요."

> **진실:** 원하는 것을 모르는 건, 내가 내 삶을 결정하지 않았기 때문이다. 누군가 대신 결정해 주는 삶을 살다 보면, 스스로 원하는 걸 생각하는 습관이 사라

> 진다. 하지만 이제부터라도 내 선택을 존중해야 한다.
> 지금부터라도, 나를 위한 선택을 하나씩 해 보는 것이 중요하다.

3 심리학적으로 보면, 왜 우리는 원하는 걸 모를까?

1. '타인의 기준'에 맞춰 살아와서

우리는 부모, 사회, 친구들이 원하는 기준에 맞춰 살도록 교육받았다. 그래서 정작 내 기준은 무엇인지 고민해 본 적이 없다.

2. '실패가 두려워서' 아무것도 시도하지 않아서

하고 싶은 걸 찾아야 하지만, 실패할까 봐 시작조차 하지 않는 경우가 많다. 그러다 보면, 결국 내가 원하는 게 뭔지도 모르게 된다.

3. '안정적인 삶'이 최우선이 되면서

우리는 하고 싶은 것보다, 해야 할 것을 먼저 선택한다. 그래서 생계를 유지하는 것이 우선이 되면서, 꿈은 뒷전이 된다.

"내가 원하는 걸 모르는 게 아니라, 찾는 법을 몰랐던 것뿐이다."

4 현실적인 해결 방법
– 진짜 원하는 걸 찾는 연습

1. 작은 호기심부터 시작하기

뭔가 거창한 꿈이 아니어도 된다. '이거 재미있겠다' 싶은 작은 것부터 시작해 보자. 독서, 여행, 새로운 취미, 새로운 사람 만나기….

2. 나를 위해 선택해 보기

남들이 시키는 대로가 아니라, 내가 원하는 걸 해 보자. 메뉴 하나를 고를 때도, 내 기분을 따라가 보자. 작은 것부터 스스로 선택하는 습관을 만들자.

3. 내 감정을 바꾸는 마법의 주문

- 나는 내가 원하는 걸 찾을 수 있다.
- 나는 나를 위해 선택할 것이다.
- 나는 지금부터라도, 내 삶을 주도적으로 살아갈 것이다.
- 나는 이제, 내가 원하는 걸 찾을 것이다.

5 마음공부: 원하는 걸 찾는 과정

나는 나를 위해 살아갈 것이다.
나는 작은 호기심부터 시작할 것이다.
나는 남이 아닌, 내 기준을 따를 것이다.
나는 지금부터라도, 내가 원하는 걸 찾을 것이다.

★ 마음공부 – 나를 위한 질문 ★

"나는 남의 기대에 맞춰 살고 있는가?"
"나는 나만의 기준을 만들어 갈 수 있는가?"
"나는 지금부터라도, 내가 원하는 걸 찾을 용기가 있는가?"
"나는 이제, 내 삶을 주도적으로 살아갈 것이다."

이별도 했고, 상처도 받았지만, 안 죽더라

6 자연이 주는 작은 깨달음
- 꽃이 피는 시기는 다 다르다

꽃은 각자 다른 시기에 핀다. 벚꽃은 봄에 피고, 해바라기는 여름에 피고, 국화는 가을에 핀다.

하지만 결국, 다 자기만의 시기에 피어난다.

"나는 나만의 시기에, 나만의 방식으로 꽃을 피울 것이다."

7 명상 기도문 3가지

기도문 1 원하는 것을 찾는 기도

"나는 나를 위해 선택할 것이다. 나는 작은 호기심에서부터 나의 길을 찾을 것이다. 나는 내 삶을 주도적으로 살아갈 것이다."

기도문 2 나를 위해 결정하는 기도

"나는 내 기준을 만들어 갈 것이다. 나는 남의 기대가 아니라, 내 행복을 위해 살아갈 것이다. 나는 지금부터라도, 나를 위한 선택을 할 것이다."

기도문 3 내 삶을 사랑하는 기도

"나는 나를 사랑한다. 나는 나의 가능성을 믿는다. 나는 나만의 방식으로 살아갈 것이다."

"나는 이제, 내가 원하는 걸 찾을 것이다."

8 마무리
– 그래서 어쩌라고?

그래서, 아직도 내가 뭘 원하는지 모르겠다고?

그래서, 어쩌라고?

나는 이제, 나를 위한 선택을 할 것이다.

나는 이제, 내 삶을 주도적으로 살아갈 것이다.

"내가 뭘 원하는지 모르겠다고? 그래서 어쩌라고?"

그리고 그 뒤에 이렇게 덧붙이겠지.

"어쩌긴, 하나씩 해 보면서 찾으면 되지!"

우주의 기운을 모아 모아!

"나는 나만의 시기에, 나만의 방식으로 피어날 것이다!"

14장
세상은 내 생각보다 더 공평하지 않다

"노력한다고 다 되는 건 아니지만, 그래도 해야 한다."

1 세상은 원래 불공평한 걸까?

"엄마, 아빠가 나한테 집을 사 줄 수 있었으면 얼마나 좋았을까."
"내가 조금만 더 부잣집에서 태어났다면, 내 인생도 달랐을까?"
"똑같이 노력했는데, 저 친구는 붙고 나는 떨어졌어."
"세상은 원래 불공평한 걸까, 아니면 내가 운이 없는 걸까?"

어릴 때는 '노력하면 다 된다'고 배웠다. 하지만 현실에서는 '노력해도 안 되는 경우'가 너무 많았다.
　나는 누구보다 노력하는데, 왜 결과는 다를까? 왜 어떤 사람들은 쉽게 성공하고, 나는 이렇게 고생해야 할까? 운이 좋은 사람들은 따로 있는 걸까? 세상이 불공평한데, 나는 어떻게 살아야 할까?
　어떤 사람들은 출발선이 다르다. 누군가는 부모님이 전세를 해 주고, 누군가는 월세부터 감당해야 한다. 누군가는 취업을 고민하고, 누군가는 아버지 회사에 출근한다. 같이 시작한 친구는 승진했고, 나는 여전히 제자리다.

"이게 정말 공평한 걸까?"

2 노력해도 안 되는 이유가 뭘까?

사례 1 같이 시작한 친구는 성공했고, 나는 제자리예요.

"같이 공무원 시험 준비했던 친구는 합격했어요. 저는 더 오래 공부했고, 더 열심히 했는데 떨어졌어요. 그 친구는 '운이 좋았다'고 했지만, 그 말이 더 화가 나요. 운이 없으면 이렇게 되는 걸까요?"

> **진실:** 노력만으로 모든 게 해결되지 않는다.
> '노력 + 운 + 기회'가 맞아야 결과가 나온다.
> 현실적으로 운이 좋거나, 기회를 잘 잡는 사람이 더 빨리 성공할 수 있다. 하지만 운과 기회가 오지 않는다고 해서, 노력이 무의미한 것은 아니다.

사례 2 저 사람은 금수저라서, 저는 애초에 게임이 안 돼요.

"같은 대학 나왔는데, 저 친구는 부모님이 집을 사 줘서 취업할 때 눈치 안 보고 원하는 일 찾아갔어요. 저는 월세 내면서 알바하고, 생계를 걱정하며 살았어요. 이게 공평한가요?"

> **진실:** 출발선은 다르지만, 결국 중요한 것은 '내가 할 수 있는 것'이다.
> 세상은 출발선이 다 다르다. 어떤 사람은 부모 덕분에 쉽게 가고, 어떤 사람은 더 많이 고생해야 한다. 하지만 중요한 건, 내 환경 안에서 내가 어떻게 성장하느냐다.

사례 3 운이 없는 사람은 어떻게 해야 하나요?

"나는 운이 너무 없어요. 항상 타이밍이 안 맞고, 기회가 와도 제대로 못 잡아요. 운도 실력인가요?"

> **진실:** 운이 없다고 생각하면, 정말로 기회를 못 본다.
> 운 좋은 사람들의 공통점은 '준비된 사람'이라는 것이다. 기회는 누구에게나 오지만, 준비된 사람만이 그것을 잡는다. 운을 믿기보다, 기회를 포착하는 능력을 키우는 것이 더 중요하다.

3 심리학적으로 보면, 왜 우리는 세상이 불공평하다고 느낄까?

1. 공정 세계 가설 - 노력하면 반드시 보상이 온다고 믿는 착각

　우리는 어릴 때부터 '열심히 하면 성공한다'고 배운다.
　하지만 현실은 그렇지 않다. 노력만으로 되는 것이 아니라, 여러 요소가 필요하다.

2. 사회 비교 이론 - 남들과 비교할수록 더 불공평하게 느낀다

　SNS에서 성공한 사람들을 보면, 우리는 상대적으로 초라해 보인다. 하지만 그들이 얼마나 노력했는지, 혹은 얼마나 운이 좋았는지는 모른다. 남과 비교할수록 더 불공평한 기분이 든다.

3. 자기충족적 예언 - 나는 운이 없다고 믿으면, 정말로 운이 안 따라온다

　'나는 운이 없어'라고 생각하면, 기회가 와도 시도하지 않는다. 결국 스스로 기회를 놓치는 것이다.

"세상은 불공평하지만, 그 안에서 내가 할 수 있는 것이 있다."

4 현실적인 해결 방법
- 불공평한 세상을 이기는 법

　남들과 비교하지 않는다.
　운이 아니라, 기회를 잡을 준비를 한다.
　내 속도로 성장할 것이다.

"나는 내 방식대로 살아갈 것이다."

5 마음공부: 세상 속에서 나만의 길 찾기

나는 남들과 비교하지 않는다.
나는 운보다 기회를 보는 사람이 될 것이다.
나는 내 속도로 성장하고 있다.

> ★ 마음공부 - 나를 위한 질문 ★
> "나는 남들과 비교하며 불공평함을 탓하고 있는가?"
> "나는 기회를 잡을 준비가 되어 있는가?"
> "나는 지금 내 환경에서 최선을 다하고 있는가?"
> "나는 이제, 내 방식대로 살아갈 것이다."

6 자연 명상

- 대나무는 5년 동안 자라지 않는다.

대나무는 씨를 심은 후, 5년 동안 땅 위로 자라지 않는다.
5년 동안 대나무는 뿌리를 깊이 뻗는다. 눈에 보이지 않는 곳에서 성장하고 있는 것이다. 그리고 5년이 지난 후, 단 몇 달 만에 수십 미터로 성장한다.
지금 당장 보이는 것이 없다고 해서, 성장하지 않는 것이 아니다.
세상은 불공평할 수 있다. 하지만 나도 내 속도로 성장하고 있다.

"나는 보이지 않는 곳에서 성장하고 있다."

7 명상 기도문 3가지

기도문 1 **불공평한 현실 속에서도 나를 믿는 기도**

"세상이 공평하지 않다고 해도, 나는 나만의 길을 갈 것이다. 나는 비교하지 않는다. 나는 나의 속도로 성장할 것이다. 나의 가치는 누군가와 비교해서 결정되는 것이 아니다. 나는 나로서 충분히 의미 있고, 나는 나로서 빛나는 존재다."

기도문 2 **운이 아니라, 기회를 잡을 준비가 되는 기도**

"나는 운을 탓하지 않는다. 나는 언제든 기회를 잡을 준비가 되어 있다. 운이 아니라, 나의 선택과 행동이 나의 미래를 만든다. 나는 내 앞에 놓인 작은 기회들도 놓치지 않을 것이다."

기도문 3 **나만의 속도로 성장하는 기도**

"나는 시간이 걸려도 괜찮다. 나는 대나무처럼 보이지 않는 곳에서 나의 뿌리를 단단하게 키운다. 눈에 보이지 않는 성장이 가장 강한 힘이 된다는 것을 안다. 나는 내가 걸어가는 이 길을 신뢰하며, 나를 믿고 나아갈 것이다."

"나는 이제, 나만의 방식으로 성장할 것이다."
"나는 이제, 나만의 속도로 성장할 것이다."

8 마무리
- 그래서 어쩌라고?

세상이 불공평하다고?

그래서 어쩌라고?

출발선이 다르다고, 나는 포기할 사람이 아니다. 운이 없다고, 나는 멈춰 있을 사람이 아니다. 남들과 비교한다고, 내 인생이 달라지는 것도 아니다. 그러니까, 나는 나만의 방식으로 살아간다.

세상은 원래 불공평하다. 그렇다면, 이 불공평한 세상 속에서도 나만의 방식으로 나아가는 것이 가장 현명한 선택 아닐까?

어쩌라고?

"어쩌긴, 그냥 내 방식대로 살아가면 되지!"

우주의 기운을 모아 모아!

"나는 불공평한 세상에서도 나만의 방식으로 성장할 것이다!"

15장
그래도, 결국 살아지는 거더라

"안 죽고 하루하루 버티다 보니, 인생은 계속됐다."

1 나는 정말 끝난 줄 알았다

"그땐 정말 끝난 줄 알았다."

모든 걸 잃고, 더는 희망이 없을 것 같았다. 눈물이 마를 날이 없었고, 숨 쉬는 것조차 버거웠다. 어떤 날은 잠드는 게 무서웠고, 어떤 날은 깨어나는 게 더 두려웠다.

나는 더는 살아갈 이유가 없다고 생각했다. 하지만, 그렇게 끝나지 않았다. 어느새 나는 다시 일어나, 하루를 살고 있었다.

"그래도, 결국 살아지는 거더라."

2 삶이 무너졌던 순간, 다시 살아난 사람들

사례 1 이혼 후, 내 인생은 끝난 줄 알았어요.

"결혼생활 10년, 모든 걸 쏟아부었는데 이혼했어요. 가정을 지키려고 했지만, 결국 무너졌고… 나는 망가졌고, 내 인생도 끝났다고 생각했어요."

> **진실:** 사랑이 끝나도, 삶은 계속된다.
> 이혼은 실패가 아니다. 어떤 관계도 영원하지 않을 수 있다.

> 그리고, 우리는 그 끝에서 다시 시작할 수 있다.

사례 2 **사업이 망한 후, 죽고 싶었어요.**

"전 재산을 털어 시작한 사업이 망했어요. 돈도 없고, 자존심도 무너지고, 다시 시작할 자신도 없었어요. 진짜 끝난 줄 알았어요."

> **진실:** 실패는 '끝'이 아니라, '다른 방향'으로 가는 길이다.
> 한 번의 실패로 인생이 결정되지 않는다. 무너진 자리에서, 더 단단한 사람이 될 수 있다. 성공한 사람들도 모두 실패를 겪었다.

사례 3 **소중한 사람을 잃고, 삶의 의미를 잃었어요.**

"사랑하는 사람을 떠나보냈어요. 그 사람이 없는 세상에서, 내가 왜 살아야 하나 싶었어요."

> **진실:** 사랑하는 사람은 떠나도, 나의 삶은 계속된다.
> 우리는 잃는 것에 익숙하지 않지만, 결국은 살아간다. 그 사람을 기억하며, 내 삶을 더 소중하게 만들 수도 있다.

"삶은 무너져도, 우리는 결국 다시 살아간다."

3 심리학적으로 보면, 왜 우리는 결국 다시 살아가는가?

1. 회복 탄력성 – 인간은 생각보다 강하다.

처음에는 무너진 것 같아도, 우리는 다시 일어난다. 우리의 뇌는 새로운 환경에 적응할 수 있도록 만들어져 있다. 시간이 지나면, 우리는 자연스럽게 삶을 다시 붙잡게 된다.

2. 의미 부여의 힘 – 사람은 의미를 찾으며 살아간다.

큰 상실을 겪으면, 우리는 삶의 의미를 다시 찾으려 한다. 그리고 새로운 목표를 만들고, 다시 살아갈 힘을 얻는다.

3. 작은 변화의 누적 효과 – 아주 작은 것들이 우리를 살게 한다.

"이제 더는 못 버티겠어."

그런데 어느 날, 우연히 따뜻한 차 한 잔이 위로가 된다. 누군가의 말 한 마디가 나를 다시 일으킨다. 결국, 그렇게 하루를 또 살아간다.

"우리는 생각보다 더 강하고, 다시 살아갈 힘이 있다."

4 현실적인 해결 방법
– 다시 살아갈 힘을 찾는 연습

1. 작은 목표부터 다시 만들어라

큰 변화를 기대하기보다, 하루하루 할 수 있는 작은 목표를 정하라.

"내일은 그냥 산책 한번 해 볼까?"

"오늘은 따뜻한 차 한 잔을 마셔야지."

작은 목표들이 모이면, 우리는 다시 살아갈 힘을 얻는다.

2. 나를 지탱하는 루틴을 만든다

규칙적인 생활은 무너진 마음을 다시 회복시키는 힘이 있다.

"아침에 음악 한 곡 듣기, 밤에 감사한 일 하나 적기."

작은 루틴이 삶의 안정감을 되찾아 준다.

3. 내가 사랑했던 것들을 다시 찾아라

"예전에 좋아했던 음악을 다시 들어볼까?"

"한때 좋아했던 취미를 다시 시작해 볼까?"

좋아하는 것을 다시 찾는 순간, 삶의 재미도 다시 찾아온다.

"우리는 다시 살아갈 수 있다."

5 마음공부: 나는 다시 살아가기로 했다

나는 더는 과거에 머물지 않는다.

나는 과거의 상처를 품고 가지만, 그것이 내 미래를 가로막게 두지는 않는다.

나는 다시 살아가기로 했다.

★ 마음공부 – 나를 위한 질문 ★

"나는 더는 무엇을 붙잡지 않을 것인가?"

"나는 지금 무엇을 위해 다시 살아가고 있는가?"

"나는 내 삶을 더 소중히 여기기로 결심했는가?"

"나는 다시 살아간다."

---

6 자연이 주는 작은 깨달음

– 봄은 다시 온다

겨울이 아무리 길어도, 봄은 결국 다시 온다.

나무는 겨울에 잎을 다 떨어뜨리지만, 봄이 되면 다시 새싹을 틔운다.

우리도 마찬가지다. 아무리 힘든 시간을 보내도, 결국 우리는 다시 살아간다.

"나의 봄도 다시 올 것이다."

7 명상 기도문 3가지

기도문 1 다시 살아갈 힘을 얻는 기도

"나는 무너졌지만, 나는 다시 살아간다. 나는 내가 가진 상처를 끌어안고, 새로운 길을 걸어갈 것이다. 나는 어제보다 더 강해지고 있다."

기도문 2 내 안의 빛을 되찾는 기도

"나는 희망을 찾을 것이다. 나는 내 안에 있는 빛을 다시 꺼내어, 내 삶을 비출 것이다. 나는 살아갈 가치가 있는 사람이다."

기도문 3 새로운 시작을 위한 기도

"나는 새로운 길을 걷는다. 나는 과거가 아닌, 지금을 살아간다. 나는 앞으로 나아갈 것이다."

"나는 다시 살아갈 것이다."

8 마무리

- 그래서 어쩌라고?

"망했어도, 그래서 어쩌라고?"
그래도, 결국 살아지는 거더라. 숨 쉬고, 밥 먹고, 하루를 버티다 보니…. 어느 순간, 다시 살아가고 있더라.
우주의 기운을 모아 모아!
"나는 다시 살아갈 것이다!"

Chapter 2

인생을 바꾸는
현실적인 방법

1장
변화는 언제 시작되는 걸까?

"언제? 오늘 아니면 내일."

1 인생 리셋 버튼
– 변화가 필요한 순간을 감지하는 법

"나도 바뀌고 싶긴 한데… 진짜 내가 변화가 필요한 걸까?"

- 매일 같은 고민을 반복하고 있는가?
- '지금 이게 맞나?'라는 생각이 자주 드는가?
- 새로운 도전을 하고 싶지만, 두려워서 못하고 있는가?

이 3가지 질문 중 하나라도 'YES'라면, 지금이 변화해야 할 순간이다.

"변화의 순간은 기다리는 게 아니라, 내가 감지하는 것이다."

2 성공하는 사람들은 이렇게 다르다
– '성공 습관 vs 실패 습관' 비교

실패하는 사람들의 특징
- 변화를 '결심'만 하고 행동하지 않는다.

- "언젠가 해야지…." 하면서 미룬다.
- 작은 실패에 금방 좌절하고 포기한다.
- 다른 사람과 비교하면서 자신을 깎아내린다.

성공하는 사람들의 특징
- 변화를 행동으로 먼저 시작한다.
- "일단 해보자!" 하며 작은 도전부터 시작한다.
- 실패해도 과정에서 배우고 다시 시도한다.
- 자신을 성장시킬 작은 목표를 매일 설정한다.

"나는 성공하는 사람들의 방식을 내 삶에 적용할 것이다."

3 심리학적으로 보면, 왜 우리는 변화를 미루는가?

1. 현상 유지 편향 – 지금이 편해서 변화가 두렵다.

뇌는 익숙한 것을 좋아한다. 변화를 하면 에너지가 많이 들기 때문에, 무의식적으로 피하려 한다.

그래서 우리는 "지금도 괜찮은데, 굳이?" 하며 변화를 미룬다.

2. 완벽주의 함정 – 완벽한 시작을 기다린다.

"지금은 준비가 안 됐으니까, 나중에 제대로 해야지."

이 생각이 반복되면, 영원히 시작하지 못한다.

불완전한 시작이, 미루는 것보다 낫다.

3. 미래의 나에 대한 착각 – 나중의 나는 더 나을 거라는 착각

"내일부터는 할 수 있을 거야!" → 진짜?

하지만 내일의 나는 오늘의 나와 똑같다.
변화를 만들고 싶다면, 바로 지금 시작해야 한다.

"변화는 기다리는 게 아니라, 만들어 가는 것이다."

4 게임처럼 접근하라
- 변화를 즐기는 전략

"변화는 부담스럽다?" → No! 게임처럼 즐겨라!
레벨 업 시스템을 적용하라.
"오늘 작은 목표 하나 달성하면 경험치 +1"
"일주일 연속 유지하면 보상!"
실패를 '게임 오버'가 아니라 '재도전 기회'로 받아들여라.
"실패했다고? 그럼 다음 판에서 더 잘하면 되지!"
친구와 함께 '미션'으로 바꿔라.
"운동을 미루지 않으려면 친구랑 내기하자!"
"하루에 10쪽씩 책 읽고 인증하기!"

"나는 변화를 두려워하는 사람이 아니라, 변화 게임의 플레이어다!"

5 현실적인 해결 방법
- '내일부터'가 아니라 '지금부터' 시작하는 법

1. '완벽한 시작' 대신, '5초 안에 행동하기'
"내일부터 해야지." → No!
5초 안에 움직이지 않으면, 뇌는 핑계를 만든다. 지금 당장, 5초 안에 시작하자.

2. '큰 목표' 대신, '초소형 목표'로 시작하기

책 한 권이 부담스럽다면, 한 페이지만 읽자. 운동이 귀찮다면, 운동복만 입어 보자. 작은 행동이 쌓이면, 자연스럽게 커진다.

3. '습관의 법칙' – 작지만 꾸준히 하기

하루 1%의 변화가 1년 후 37배의 변화를 만든다. 매일 작은 행동을 반복하면, 결국 커다란 변화를 이끌어 낸다.

"나는 변화를 미루지 않는다. 나는 지금 시작한다!"

6 자연이 주는 작은 깨달음
– 강물은 멈추지 않는다

강물은 잠시 고여 있어도, 결국 다시 흐른다.

강물은 출발할 완벽한 타이밍을 기다리지 않는다. 흐르면서 길을 만들고, 장애물을 넘는다.

우리도 마찬가지다.

"완벽한 시작을 기다리지 말고, 지금부터 흐르자."

7 명상 기도문 3가지

기도문 1 변화의 시작을 받아들이는 기도

"나는 변화를 두려워하지 않는다. 나는 지금, 이 순간부터 새로운 길을 걷기 시작한다. 나는 나 자신을 위한 최고의 선택을 할 것이다."

기도문 2 **과거의 나와 작별하는 기도**

"나는 미루던 과거의 나와 작별한다. 나는 변화를 기다리지 않고, 직접 만들어 간다. 나는 나의 성장과 변화를 믿는다."

기도문 3 **실행력을 높이는 기도**

"나는 즉시 행동하는 사람이 될 것이다. 나는 매일 작은 변화를 만들어, 내 인생을 더 나은 방향으로 이끌 것이다. 나는 지금, 내 미래를 만들어 가고 있다."

"나는 변화를 기다리는 사람이 아니라, 만드는 사람이다!"

8 마무리

- 그래서 어쩌라고?

"언젠가 해야 한다고?"
"그래서 어쩌라고?"
"어쩌긴, 지금부터 하면 되지!"
지금 이 순간에도 우리는 수많은 핑계를 찾고 있다.
"오늘은 너무 피곤하니까 내일부터 해야지."
"내가 변한다고 뭐가 달라질까?"
"조금만 더 준비하고 완벽하게 시작해야지."
그러다 결국, '언젠가'는 오지 않았다. 그렇게 미루다 보니, 일주일이 지나고, 한 달이 지나고, 1년이 흘러가 버렸다.

그렇다면, 이런 질문을 해보자.

"1년 후에도 지금처럼 변화를 미루고 있는 나를 보고, 나는 만족할 수 있을까?"

지금의 나는 변화가 필요하다고 느끼고 있다. 그런데도 여전히 같은 고민을 반복하고 있다. 결국, 변하지 않는 건 환경이 아니라 '나'다.

지금이 바로 '내 인생을 바꿀 타이밍'이다. 기다리지 말고, 미루지 말고, 시작하자. 지금 움직이면, '1년 후의 나'가 고마워할 것이다.

오늘을 기억하자.

지금 이 순간, 내 머릿속에서 들리는 수많은 핑계를 멈추자.

'내일부터'라는 말을 금지하자.

'완벽한 시작'이 아니라 '작은 시작'을 하자.

"한 걸음 내디디는 순간, 인생은 이미 바뀌기 시작한다."

우주의 기운을 모아 모아!

"나는 지금 당장 변화를 시작한다!"

이제, 진짜 변화를 만들 시간이다!

2장
운이 좋아지는 사람들의 비밀

"운 좋은 사람은 진짜 비법이 있다?"

1 운 테스트
- 나는 운이 좋은 사람일까?

아래 질문 중 YES가 많을수록, 운이 따르는 사람이다!
- 나는 예상치 못한 좋은 일이 자주 생긴다.
- 중요한 순간에 이상하게 일이 잘 풀리는 편이다.
- 기회가 왔을 때 망설이기보다, "한번 해볼까?"라고 생각한다.
- 새로운 만남과 경험을 즐기는 편이다.
- 긍정적인 말을 자주 한다.

결과 분석!
- YES 4개 이상: 축하합니다! 당신은 운이 좋은 사람입니다!
- YES 2~3개: 약간의 변화만 줘도 더 많은 기회를 끌어당길 수 있어요!
- YES 1개 이하: 아직 운을 만들기 위한 연습이 필요합니다! 지금부터 바꿔 보자!

"운이 좋아지고 싶다면, 운 좋은 사람처럼 생각하고 행동하라!"

2 운을 바꾸는 3가지 법칙
- 과학적으로 증명된 행운의 원리

법칙 1 운 좋은 사람들은 '우연한 기회'를 알아챈다.

운 좋은 사람들은 새로운 사람, 새로운 환경, 새로운 경험을 두려워하지 않는다. 반면, 운 없는 사람들은 기회를 두려워하고, 새로운 시도를 피한다.

> 결론: "운은 내가 익숙하지 않은 환경에서 찾아온다!"

법칙 2 운 좋은 사람들은 '자신이 운이 좋다'고 믿는다.

실험 결과, "나는 운이 좋아!"라고 믿는 사람들은 진짜 더 많은 기회를 발견했다! 자기 암시가 실제 행동을 변화시키고, 행동이 운을 바꾼다.

법칙 3 운 좋은 사람들은 '실패를 기회로' 본다.

운 좋은 사람들은 실패를 '끝'이 아니라 '배움'으로 해석한다.
실패를 겪더라도 다시 도전하는 순간, 기회는 찾아온다.

"운은 타고나는 것이 아니라, 내가 만드는 것이다!"

3 운 좋은 사람들의 공통 습관 실험
- 한 달만 따라 하면 바뀌는 행동

'운을 끌어당기는 습관' 7일 도전

DAY 1 – '운 좋은 말' 실험하기
"오늘은 무조건 좋은 일이 생길 거야!"라고 아침에 말해 보자.

DAY 2 – 새로운 사람과 대화하기

일상 속에서 평소 안 하던 대화를 시도해 보자.

DAY 3 – '기회가 보이는 시야' 실험하기

오늘 하루, 새로운 기회를 발견하려는 태도를 유지해 보자.

DAY 4 – '운 좋은 사람처럼 행동' 실험하기

운이 좋은 사람처럼 거침없이 행동하는 하루를 만들어 보자!

DAY 5 – 실패를 경험하고, 거기서 배우기

오늘 실수한 것이 있다면, 거기서 배울 점을 적어 보자.

DAY 6 – 긍정적인 사람과 어울리기

운 좋은 사람들은 에너지가 밝은 사람들과 함께한다!

DAY 7 – 작은 기회라도 잡아 보기

평소라면 망설일 일을, 오늘은 그냥 해보자!

"이 일곱 가지를 한 달 동안 유지하면, 운이 좋아지는 걸 경험하게 될 것이다!"

4 행운 시뮬레이션
– 실제 사례를 내 삶에 적용해 보기

사례 1 면접을 보러 갔는데, 나보다 더 강한 경쟁자가 있었다!

"나는 안 되겠네…." → 탈락 가능성 UP!

"뭐, 어차피 경험 삼아 해보자!" → 긍정적인 태도가 좋은 결과를 만든다!

사례 2 갑자기 새로운 프로젝트를 맡게 되었다!

"부담스러운데, 안 하면 안 될까?"

"이건 내 능력을 보여 줄 기회야!"

"운이 따르는 사람은 같은 상황에서도 '기회'를 본다!"

5 행운을 시각화하는 연습
- 나에게 운을 불러오는 이미지 트레이닝

"운이 좋아지는 하루를 시각화해 보자!"
"내가 원하는 결과를 떠올려라."
"그 과정에서 내가 하는 행동을 그려 보라."
"그 결과가 현실이 되는 것을 믿어라."

"운이 따르는 사람은, 먼저 그 운을 '마음속에서' 경험한다!"

6 명상 기도문 3가지 (운을 끌어당기는 기도)

기도문 1 **행운을 받아들이는 기도**

"나는 행운을 받아들일 준비가 되어 있다. 나는 내게 다가오는 기회를 알아보고 잡을 것이다. 나는 내 인생을 더 나은 방향으로 이끌어 갈 것이다."

기도문 2 **두려움을 버리고 도전하는 기도**

"나는 기회 앞에서 망설이지 않는다. 나는 실수를 두려워하지 않는다. 나는 행운을 내 것으로 만들기 위해 과감히 행동할 것이다."

기도문 3 **긍정적인 에너지를 끌어당기는 기도**

"나는 매일 좋은 에너지를 받을 것이다. 나는 긍정적인 생각과 행동으로 내 운을 만들어 간다. 나는 행운과 성공을 향해 나아갈 것이다."

7 마무리
- 그래서 어쩌라고?

"운이 나쁘다고? 그래서 어쩌라고?"

"어쩌긴, 운이 좋아질 행동을 하면 되지!"

운이 없다고 한탄하는 것보다, 운이 좋아질 행동을 해보는 게 더 빠르다. 운이 나쁜 게 아니라, 운이 들어올 틈을 주지 않았던 것일 수도 있다.

한번 생각해 보자. 기회가 왔을 때, 나는 움츠러들지 않았는가?

좋은 일이 생겼을 때, "내가 받을 자격이 있을까?"라고 의심하지 않았는가?

스스로 '나는 운이 없다'고 단정 짓고 있지는 않았는가?

운 좋은 사람들은 운을 믿는 것이 아니라, 운을 만드는 사람들이다. 그들은 더 많은 기회를 탐색하고, 두려움 없이 도전하고, 행동을 멈추지 않는다. 그리고 결국, 운이 따라오도록 만든다.

"운이 좋은 사람이 되고 싶다면, 운이 좋아질 수밖에 없는 행동을 하라!"

이제, 선택은 당신에게 달려 있다. '나는 운이 나쁘다'고 계속 불평할 것인가? 아니면, '나는 운을 만들 수 있다'고 믿고 행동할 것인가?

이 글을 읽고도 여전히 변하지 않는다면, 당신은 여전히 운이 나쁘다고 생각하는 사람일 것이다. 하지만 이 글을 읽고 한 가지라도 행동으로 옮긴다면, 당신은 이미 운을 바꾸기 시작한 사람이다.

"운은 타고나는 것이 아니라, 만들어 가는 것이다."

우주의 기운을 모아 모아!

"나는 매일 좋은 기회를 받아들이고, 나의 운을 만들어 간다!"

3장
부자가 되는 사람들의 공통점

"돈을 버는 사람들은 뭔가 다르다?"

1 돈과 나의 관계 테스트
- 나는 돈과 궁합이 맞는 사람인가?

아래 질문 중 YES가 많을수록, 당신은 금전 에너지를 끌어당기는 사람이다!
- 돈을 받을 때 '이 돈은 다시 돌아올 거야.'라고 생각한 적이 있다.
- 가끔 우연처럼 돈이 생기거나 예상치 못한 수입이 들어온다.
- 돈을 잃었을 때, 그 돈이 더 나은 곳에서 흐르고 있다고 생각한다.
- 지갑과 주변 환경을 항상 깔끔하게 유지한다.
- 돈을 다룰 때 두려움보다 감사를 먼저 느낀다.

결과 분석!
- YES 4개 이상: 당신은 부의 파동을 자연스럽게 끌어당기는 사람이다.
- YES 2~3개: 돈과의 관계를 개선하면 더욱 강력한 금전운이 따라온다.
- YES 1개 이하: 돈의 흐름과 에너지를 이해하는 것이 먼저 필요하다.

"돈과 조화를 이루려면, 먼저 돈을 대하는 태도를 점검하라!"

2 돈에도 파동이 있다
– 부자들은 돈을 어떻게 다룰까?

돈도 하나의 '에너지 흐름'이다. 어떤 돈은 손에 쥐는 순간부터 따뜻하고, 어떤 돈은 손에 닿는 순간부터 불안함을 준다.

우주의 흐름 속에서 보는 돈의 흐름
돈이 멈춰 있는 것은 좋지 않다. 돈을 쌓아 두는 것보다, 그것이 흐르게 해야 더 많은 돈이 들어온다.
부자들은 돈을 '움직이게' 하면서 더 큰 기회를 만든다.
돈의 주인은 '에너지'를 조절할 줄 아는 사람이다.
돈을 제대로 다루는 사람은 '흘러가는 돈'을 두려워하지 않는다.
돈을 다룰 줄 아는 사람은 돈이 자신을 위해 일하게 만든다.

"돈을 벌고 싶다면, 돈의 흐름과 조화를 이루어라!"

3 부자가 되는 사람들의 특이한 공통점
– 1%만 알고 있는 사고방식

부자의 사고방식
- 돈은 도구일 뿐, 나의 가치를 결정하는 것이 아니다.
- 기회는 계속 온다. 중요한 것은 그것을 '포착할 감각'이다.
- 돈을 벌 때 "이걸 하면 돈이 될까?"보다 "이것이 어떤 가치를 만들까?"를 먼저 생각한다.

가난한 사람들의 사고방식
- 돈을 목표로 삼고, 과정은 고려하지 않는다.
- 돈이 들어오면 불안함을 먼저 느낀다.
- 돈을 벌어도 쉽게 사라지는 이유를 모르고 있다.

"부자가 되고 싶다면, 먼저 부자의 마인드를 가져야 한다!"

4 돈을 불러오는 5가지 실천법
– 실제 부자들이 매일 하는 행동

1. 돈을 감사하는 마음으로 다루기
돈을 받을 때마다 '이 돈이 나에게 행운을 가져다준다.'라고 생각하기.

2. 돈의 흐름을 정리하는 습관 들이기
필요 없는 구독, 낭비되는 소비를 정리하고, 돈이 긍정적으로 흐를 수 있도록 만든다.

3. 돈을 쓸 때 긍정적인 에너지로 사용하기
돈을 쓸 때 '이 돈이 더 나은 에너지로 돌아올 것'이라고 주문하기.

4. 우주의 흐름을 활용하는 하루 5분 루틴 만들기
매일 아침 "나는 풍요로움을 받을 준비가 되었다!"라고 선언하기.

5. 돈을 다룰 때 두려움이 아닌 신뢰를 갖기
돈은 신뢰를 가진 사람에게 머문다.

"돈은 에너지다. 그것을 다룰 줄 알면 인생이 바뀐다!"

5 돈과 에너지의 균형을 위한 명상 기도
– 내면과 외부의 조화를 이루는 법

기도문 1 부를 받아들이는 기도

"나는 풍요로운 삶을 누릴 준비가 되어 있다. 나는 돈과 조화를 이루며, 새로운 기회를 받아들인다."

기도문 2 금전운을 열어 주는 기도

"나는 돈을 다룰 줄 아는 사람이다. 돈이 나를 도와주고, 나도 돈을 환영한다."

기도문 3 부를 영원히 유지하는 기도

"나는 나의 삶을 풍요롭게 만들 것이다. 돈은 나를 따라 흐르고, 나는 돈을 다룰 줄 아는 사람이 된다."

6 마무리
– 그래서 어쩌라고?

"돈이 없다고? 그래서 어쩌라고?"
"어쩌긴, 돈이 따라오게 행동하면 되지!"

우리는 흔히 돈이 '있다' 혹은 '없다'라는 이분법적인 사고로 살아간다. 하지만 돈은 고정된 상태가 아니라, 흐르는 에너지다. 그 흐름을 이해하고 활용할 수 있다면, 돈은 단순한 종이가 아니라 내가 원하는 삶을 실현하는 도구가 된다.

부자가 된 사람들은 단순히 운이 좋은 게 아니다. 그들은 돈의 흐름을 보고, 돈의 에너지를 조율하며, 돈이 따라오는 구조를 만든다.

"돈이 없어서 못 한다?" – 돈을 따라가면 돈도 따라온다.

우리는 돈을 벌기 위해 일을 하지만, 역설적으로 돈이 따라오는 행동을 하는 사람이 진짜 부자가 된다.

부자들은 돈을 목표로 삼는 것이 아니라, 돈이 따라올 수밖에 없는 행동과 사고방식을 갖고 있다.

돈이 많은 사람들은 돈을 무조건 모으기보다 흐름을 만든다. 부자들은 돈을 쓸 때 두려움이 아니라 확신과 신뢰를 가진다. 기회를 놓치지 않는 감각을 키우면서, 돈이 들어올 수 있는 루트를 만든다.

"돈은 나에게 오는 존재다!" – 돈을 다룰 줄 아는 사람이 된다.

우리는 돈을 벌려고 애쓰기보다는, 돈이 우리에게 올 수 있도록 '자리'를 만들어야 한다. 그 '자리'란 바로 돈을 다루는 마인드와 돈이 자연스럽게 머물 수 있는 환경이다.

- 돈을 받을 때 '이건 나를 위한 돈이다'라고 긍정적인 감정을 가질 것.
- 돈을 쓸 때 '이 돈이 나에게 다시 좋은 흐름으로 돌아온다'라고 믿을 것.
- 돈을 두려워하지 않고, 돈을 내 삶에 맞춰 흘려보낼 줄 아는 사람이 될 것.

"돈을 따라갈 것인가, 돈이 나를 따라오게 할 것인가?"

많은 사람들이 돈을 좇으며 살아간다. 하지만 돈을 좇는다고 해서 돈이 따라오는 건 아니다. 진짜 부자들은 돈이 따라오게 만드는 환경을 조성하고, 돈이 머물 수 있도록 흐름을 조절한다.

이제 당신도 돈을 좇는 삶이 아니라, 돈이 스스로 찾아오게 만드는 삶을 시작해야 한다.

돈을 다룰 줄 알고, 돈을 긍정적인 에너지로 받아들이며, 돈이 자연스럽게 흐르는 법을 아는 사람, 그 사람이 바로 진짜 부자가 된다.

"나는 돈과 조화를 이루는 사람이다!"

"나는 부를 창조하고, 부는 나를 찾아온다!"

"돈은 나에게 끌려오고, 나는 돈을 현명하게 다룬다!"

우주의 기운을 모아 모아!

"나는 부자가 될 것이다!"

4장

좋아하는 일 vs 돈 되는 일
↳ 당신은 어떤 삶을 선택할 것인가?

"열정만으로는 살 수 없지만, 돈만 따라가도 망한다."

1 만약 인생을 다시 살 수 있다면, 당신은 같은 선택을 할 것인가?

"당신은 지금의 일을 평생 할 수 있을 것 같은가?"

"만약 다시 태어난다면, 지금과 똑같은 선택을 할 것인가?"

만약 '그렇다'고 대답했다면, 축하한다. 당신은 이미 최고의 선택을 했다. 하지만 '잘 모르겠다'거나 '아니다'라고 생각했다면, 지금 뭔가를 바꿔야 한다.

우리는 살면서 돈이냐, 꿈이냐 이 질문 앞에서 고민하며 살아왔다. 하지만 과연 이것이 정말 맞는 질문일까? 정말 둘 중 하나만 선택해야 하는 것일까?

아니다. 돈과 꿈을 동시에 잡는 방법이 있다.

이제 그 길을 찾아보자.

2 두 개의 세계
– 열정만 좇은 사람 vs 돈만 좇은 사람, 그들의 최후는?

사례 1 열정만 좇은 B씨 – 내가 좋아하는 일을 했는데, 왜 이렇게 힘들까?

하고 싶은 일이 있어서 안정적인 직장을 그만두고 창업했다. 하지만 현실은 달랐다. 수익이 나지 않아 생활이 어려워졌고, 결국 다시 직장을 알아보기 시작했다.

문제는 '열정'이 아니라, '생존 전략'이 없다는 것.

열정만으로는 시장에서 살아남을 수 없다. 무조건 좋아하는 걸 한다고 성공하는 게 아니다. 결국 꿈을 이루려다 현실에 치였다.

사례 2 **돈만 좇은 A씨 – 이 정도면 성공한 인생일까?**

연봉이 높은 직장을 선택했고, 사람들은 부러워했다. 하지만 시간이 지날수록 지쳐갔다. 퇴근 후에도 공허했고, 번아웃이 찾아왔다.

문제는 '돈'이 아니라, '의미'가 없다는 것.

안정적인 직장을 가졌지만, 삶이 재미없다. 수입은 늘었지만, 행복은 줄어들었다. 결국 돈이 많아도 삶이 텅 비었다.

그렇다면, 이 두 개의 세계에서 누가 더 나은 선택을 한 것일까? 둘 다 실패한 것처럼 보이지만, 사실 답은 다르게 나올 수 있다.

3 **심리학적으로 보면, 인간의 뇌는 왜 이 선택 앞에서 흔들리는가?**

1. 인간의 뇌는 안정성을 원한다.

돈을 따라가면 '안전'할 것 같다고 생각한다. 하지만, 좋아하는 일을 포기하면 후회가 남는다.

2. 두려움이 결정을 방해한다.

"내가 좋아하는 일이 실패하면 어떡하지?"
"돈 되는 일을 선택하면 영혼이 메말라 버리지 않을까?"

3. 결국 중요한 건 '나는 어떤 삶을 원하는가?'

돈이 우선인가? 자유가 우선인가?

나는 어떤 삶을 살고 싶은가?

4 성공하는 사람들의 핵심 패턴
– 돈과 열정을 모두 잡은 사람들의 5가지 원칙

1. 돈 되는 일을 하면서, 꿈을 키운다.
- 무작정 뛰어들지 않는다.
- 직장에 다니면서 사이드 프로젝트를 시작한다.

2. 좋아하는 일을 시장에 맞게 바꾼다.
- 사람들이 원하는 방식으로 제공한다.
- 나의 열정을 돈이 흐르는 방향과 연결한다.

3. 작은 성공을 반복한다.
- 처음부터 크게 벌려고 하지 않는다.
- 한 단계씩 성장하면서 기회를 늘린다.

4. 인내와 지속성을 가진다.

돈과 열정이 함께 따라오려면 시간이 걸린다.

빠른 성과보다는 '꾸준함'이 더 중요하다.

5. 결국 중요한 건 '돈을 벌면서도, 행복한가'이다.

5 현실적인 실행 전략
- 좋아하는 일을 돈이 되게 만드는 4단계 실천법

STEP 1: "내가 하고 싶은 일 + 사람들이 원하는 것"을 찾는다.
좋아하는 일이 무조건 돈이 안 되는 게 아니다.
사람들에게 필요한 방식으로 제공하면 돈이 된다.

STEP 2: 돈이 되는 방식을 연구한다.
"이 일을 하고 싶다." → "어떻게 하면 돈이 될까?"
기존에 성공한 사람들을 분석한다.

STEP 3: 작은 성공을 만들어 간다.
처음부터 큰돈을 벌려고 하면 실패한다.
작게 시작해서, 차근차근 키워 나가야 한다.

STEP 4: 돈이 흐르는 방향을 만든다.
수익구조를 단단히 설계한다.
돈과 열정이 함께 가는 시스템을 구축한다.

6 자연이 주는 깨달음
- 물길을 만드는 법

물이 흐르는 길은 처음부터 만들어진 것이 아니다.
바위가 있어도, 결국 물은 흐른다.
처음에는 작은 틈이 생기지만, 결국 강이 된다.
좋아하는 일도, 돈이 되는 일도 처음부터 완벽하게 맞출 순 없다.

하지만, 흐름을 만들면 자연스럽게 돈과 열정이 함께 간다.

7 명상 기도
– 돈과 열정이 함께 가는 길을 찾는 기도

기도문 1 나의 길을 찾는 기도

"나는 나의 열정을 소중히 여기며, 그것이 현실과 조화를 이루도록 지혜를 구합니다. 나는 풍요로운 삶을 창조할 능력을 가지고 있으며, 내 안의 가능성을 온전히 신뢰합니다. 돈과 행복이 따로 존재하는 것이 아니라, 나의 선택과 행동이 그것을 하나로 만들 수 있음을 압니다. 나는 오늘도 나의 길을 찾고, 나에게 가장 좋은 방향으로 한 걸음 나아갑니다."

기도문 2 풍요와 기회의 문을 여는 기도

"나는 우주의 흐름을 믿고, 돈과 기회가 자연스럽게 나에게 다가오도록 문을 엽니다. 나는 내가 가진 재능과 가치를 통해 세상과 나누며, 그 나눔이 더 큰 풍요로 돌아올 것임을 압니다. 나에게 필요한 것은 이미 내 안에 있으며, 나는 그것을 현실로 만들 수 있습니다. 나는 돈을 사랑하고, 돈은 나를 사랑하며, 우리는 함께 성장합니다."

기도문 3 균형과 조화를 이루는 기도

"나는 열정을 좇으며 현실을 무시하지 않고, 현실을 고려하면서도 내 영혼을 소외시키지 않습니다. 내 삶은 나의 선택으로 만들어지며, 나는 매 순간 최선의 선택을 할 수 있습니다. 나는 나를 믿고, 나의 선택을 존중하며, 내 인생을 창조할 힘이 있음을 압니다. 나는 돈과 열정, 균형과 자유 속에서 조화로운 삶을 살아갑니다."

8 마무리
– 그래서 어쩌라고?

좋아하는 일을 해야 할까, 돈을 따라가야 할까? 둘 중 하나를 선택해야만 하는 걸까?

우리는 어릴 때부터 이렇게 배웠다.

"돈을 좇으면 영혼을 팔게 될 거야."

"열정만 쫓으면 현실에서 굶어 죽는다."

"안정적인 직장을 잡아야 한다."

"남들처럼 성공하려면 참고 견뎌야 한다."

그러나 시간이 지나면서 깨닫게 된다. 돈이 있다고 행복한 것도 아니고, 열정만 있다고 성공하는 것도 아니라는 사실을.

그렇다면 이제 질문을 바꿔야 한다.

"어떻게 하면 돈과 열정을 동시에 가질 수 있을까?"

"내가 원하는 삶과 경제적 자유를 함께 만들 수 있는 방법은 없을까?"

사실, 이미 수많은 사람들이 그 해답을 찾아가고 있다.

안정적인 직장을 유지하면서도, 사이드 프로젝트로 꿈을 키우는 사람들. 취미를 직업으로 발전시키며, 시장이 원하는 방식으로 변화시키는 사람들. 돈을 벌면서도 자신의 가치를 지키며, 균형 잡힌 삶을 살아가는 사람들.

이제 당신의 차례다. 지금 하고 있는 일을 점검해 보자.

나는 지금 이 일을 10년 후에도 하고 있을 수 있을까? 지금의 내가 정말 원하는 삶을 살고 있는 걸까? 돈을 벌면서도, 행복할 수 있는 방법은 없을까?

길은 하나가 아니다. 돈을 벌면서도 즐길 수 있는 방법이 있다. 열정을 유지하면서도 현실적인 선택을 할 수 있다. 우리는 이 두 가지를 함께 가져갈 수 있다.

"좋아하는 일과 돈 되는 일 중 뭐가 맞냐고?"

"그래서 어쩌라고?"

"어쩌긴, 둘 다 가져야지!"

지금까지 당신은 남들이 만들어 놓은 길을 따라왔다. 그러나 이제부터는 당신만의 길을 만들어야 한다. 돈도, 꿈도 포기하지 않는 삶을.

"나는 내 길을 찾고, 돈도 따라오게 만들 것이다!"

우주의 기운을 모아 모아!

"나는 나만의 길을 찾고, 풍요와 행복을 함께 누린다!"

진짜 성공하는 길, 이제 시작해 보자!

5장
무조건 써먹을 수 있는 협상의 기술

"말 한마디로 연봉이 달라지고, 기회가 바뀐다."

1 협상은 누구나 하는 것이다

"나는 협상을 잘할 수 있을까?"

많은 사람들이 협상을 어렵게 생각한다. 하지만 우리는 하루에도 몇 번씩 협상을 하고 있다.

직장에서: "이 프로젝트 마감 기한을 일주일만 늦출 수 있을까요?"
일상에서: "배달비 좀 할인 안 될까요?"
인간관계에서: "이번 주말에는 내가 보고 싶은 영화 보자!"

"협상은 특별한 기술이 아니라, 원하는 것을 얻는 '대화 방식'이다."
협상을 못 하는 게 아니라, 어떻게 말해야 하는지 모를 뿐이다.
하지만, 이 전략 하나만 익히면 당신도 협상의 고수가 될 수 있다.

2 실제 사례
– 연봉 협상의 성공 전략(따라하면 당신도 성공할 수 있다!)

연봉 협상을 성공한 김 대리의 이야기

김 대리, 연봉 협상을 준비하다.

김 대리는 3년 차 직장인이다. 올해 그는 연봉을 올리고 싶었다. 하지만 단순히 "올려 주세요!"라고 말하면 거절당할 가능성이 높았다.

그는 '협상의 기술'을 배우고, 전략을 세웠다. 그리고 드디어 상사와 연봉 협상 미팅을 하게 됐다.

팀장: "자, 올해 연봉 협상에 대해 이야기해 봅시다."

김 대리: "네, 팀장님. 우선 기회를 주셔서 감사합니다. 저는 올해 매출 목표를 120% 달성했고, 신규 고객사를 5곳이나 유치했습니다. 제 기여를 고려했을 때, 연봉 인상이 합당하다고 생각하는데, 이에 대해 논의해 볼 수 있을까요?"

팀장: "음… 회사 상황이 그렇게 좋지는 않아서 쉽지는 않을 것 같은데요."

김 대리: "네, 저도 이해합니다. 하지만 저는 올해 팀의 성과를 높이는 데 큰 역할을 했고, 내년에도 더 많이 기여할 계획입니다. 연봉을 10% 인상해 주신다면, 앞으로 신규 프로젝트에서도 더 많은 책임을 맡고 싶습니다. 팀장님께서는 어떻게 생각하시나요?"

팀장: "흠… 당신의 성과와 향후 기여도를 고려하면, 어느 정도 인상을 검토해 볼 수 있겠네요."

결과 – 김 대리는 연봉을 8% 인상받았다!

포인트

'회사 사정이 어렵다'는 말을 듣고도 포기하지 않았다.
감정적으로 말하지 않고, 논리적 근거를 제시했다.
회사가 원하는 것도 함께 제안하면서, 윈-윈 협상을 이끌었다.

3 심리학적 분석
– 협상에서 흔들리는 이유와 해결법

왜 우리는 협상에서 망설이는가?
"거절당할까 봐 두렵다."
"상대방이 불쾌하게 생각할까 봐 걱정된다."
"내가 원하는 걸 말하는 게 부담스럽다."

하지만 협상은 거절이 아니라 '조율하는 과정'이다. 거절당해도 실패가 아니다. 상대방이 무엇을 원하는지 파악하면, 더 나은 제안을 할 수 있다. 원하는 것을 얻으려면, 먼저 말을 꺼내야 한다.

4 협상을 잘하는 사람들의 필살기
– 단 한 가지 전략만 배워도 인생이 바뀐다

연봉 협상의 황금 법칙: 급여를 올려달라고 말하지 말고, 내가 더 많은 가치를 제공할 수 있다는 걸 증명하라
"저는 회사에서 더 많은 가치를 제공할 준비가 되어 있습니다."
"현재 시장에서 제 경력과 실력에 맞는 연봉을 고려했을 때, OOO만큼이 적정하다고 생각합니다."
"연봉을 10% 올려 주신다면, 추가 프로젝트에서 더 많은 책임을 맡겠습니다."

결론 – 협상은 '내가 받을 가치가 있다'는 걸 논리적으로 설명하는 과정이다.

5 현실적인 실행 전략
– 이 한마디면 협상 판을 유리하게 만든다!

1. "이 조건이라면 어떠세요?" (대안 제시 전략)
2. "지금이 가장 좋은 타이밍입니다." (타이밍 활용 전략)
3. "제가 추가로 이런 기여를 할 수 있습니다." (가치 강조 전략)

핵심!
"협상은 내 요구를 관철하는 것이 아니라, 상대방이 받아들이게 만드는 것이다."

6 자연이 주는 깨달음
– 물처럼 흐르면서도 단단한 협상의 원리

"물이 바위를 깎아내리는 것은 힘이 아니라 유연함 때문이다."
협상도 마찬가지다. 너무 강하게 밀어붙이면 상대가 저항한다.
부드럽게 접근하면 원하는 방향으로 흘러간다.

"협상은 상대를 이기는 것이 아니라, 자연스럽게 흐르게 하는 것이다."

7 명상 기도
– 내가 원하는 결과를 얻는 협상의 기운

"나는 협상에서 당당하다."
"나는 내 가치를 알고, 원하는 것을 말할 수 있다."
"나는 상대와 윈-윈 할 수 있는 최선의 방법을 찾는다."

8 5장 마무리
– 그래서 어쩌라고?

"협상이 어렵다고? 그래서 어쩌라고?"

"어쩌긴, 연습해서 잘해야지!"

협상은 특별한 사람들이나 비즈니스 세계에서만 쓰이는 기술이 아니다. 우리는 매일 크고 작은 협상을 한다.

"오늘 저녁 뭐 먹을까?"부터 시작해서 "프로젝트 마감 기한을 좀 더 조정할 수 있을까요?", "이번 달 렌트비를 조금 늦게 내도 괜찮을까요?", "연봉을 10% 올려 주실 수 있나요?"

이 모든 것이 협상이다. 그런데 이상하게도, 우리는 연봉 협상이나 중요한 대화를 할 때만 두려움을 느낀다.

"왜 우리는 협상 앞에서 작아지는 걸까?"

"거절당하면 어떡하지?"

"상대가 기분 나빠하면 어쩌지?"

"내가 너무 무리한 요구를 하는 건 아닐까?"

이런 생각이 우리를 막는다. 하지만 진실은 "협상을 하지 않으면 손해 보는 건 결국 나 자신"이라는 것이다.

협상을 못하면 생기는 일

친구들은 같은 경력에 더 높은 연봉을 받는데, 나는 그냥 주는 대로 받는다. 팀에서는 늘 내게 가장 많은 일이 주어지지만, 나는 불만을 말하지 못한다. 내가 원하는 것을 말하지 않으니, 기회가 와도 내 차례는 오지 않는다.

"그래서, 협상을 두려워할 이유가 없다."

거절당해도, 그건 실패가 아니라 조율의 과정일 뿐이다. 말하지 않으면,

상대방은 내가 원하는 걸 알 수 없다. 협상은 힘으로 하는 것이 아니라, 유연함으로 이끌어 가는 것이다.

협상을 잘하면 생기는 일

같은 실력을 가진 사람들이라 해도, 협상을 잘하는 사람이 더 많은 기회를 얻는다. 같은 연차라도, 협상을 잘하는 사람이 더 높은 연봉을 받는다. 같은 환경에서 일해도, 협상을 잘하는 사람이 더 좋은 대우를 받는다.

"우리는 선택해야 한다. 그냥 받아들이며 살 것인가, 내가 원하는 것을 얻을 것인가?"

원하는 게 있으면 말해야 한다.

원하는 걸 얻으려면, 전략이 필요하다.

협상은 나만의 가치를 더 높게 평가받는 과정이다.

"협상은 결국, 내 인생의 주도권을 쥐는 일이다."

협상을 잘하면 인생이 바뀐다. 기회를 잡을 수 있다. 더 나은 대우를 받을 수 있다. 원하는 방향으로 나아갈 수 있다.

협상을 못하면 인생이 힘들어진다. 늘 주어진 조건을 받아들여야 한다. 누군가는 좋은 조건을 챙기고, 나는 남은 걸 가져야 한다.

"나는 왜 이렇게 운이 없을까?"라는 생각을 하며 살게 된다.

운이 좋은 사람이 되는 법? 협상을 잘하면 된다.

그래서, 당신은 어떻게 할 것인가? 협상을 계속 피할 것인가?

"그냥 참고 살지 뭐…."

아니면, 한 번이라도 제대로 말해 볼 것인가?

"팀장님, 제 성과를 고려했을 때 연봉을 다시 논의하고 싶습니다."

거절이 두려워서 뒤로 숨을 것인가?

"이번에도 안 되겠지…."

아니면, 다시 한번 기회를 만들어 볼 것인가?
"그렇다면, 이런 조건은 어떻게 보시나요?"
당신은 더 많은 걸 가질 자격이 있다.
당신은 연봉을 올려 달라고 요청할 수 있다.
당신은 더 나은 조건을 협상할 수 있다.
당신은 지금보다 더 좋은 기회를 얻을 수 있다.
당신은 원하는 것을 얻을 권리가 있다.
이제 선택은 당신에게 달렸다.
"나는 더 이상 협상을 두려워하지 않는다."
"나는 내 가치를 알고, 원하는 것을 얻는다."
우주의 기운을 모아 모아!
"나는 협상에서 당당하고, 원하는 것을 얻는다!"

6장
인맥을 만들지 않아도, 기회가 오는 사람들의 특징

"사람들이 나를 도와주고 싶게 만드는 법."

1 인맥이 없어서 기회를 못 잡는다고?

"성공하려면 인맥이 필수야!"
"나는 아는 사람이 없어서 기회를 못 잡아."
많은 사람들이 이렇게 말한다. 그런데 과연 정말 그럴까?
'인맥이 없는데도 잘되는 사람들'이 있다.
'사람들이 먼저 찾아오는 사람'이 있다.
'굳이 노력하지 않아도 기회를 얻는 사람'이 있다.
그런 사람들은 도대체 뭘 다르게 하는 걸까? 그들에게는 '운'이 따르는 걸까? 그들이 특별한 가문에서 태어난 걸까? 아니면, 그들만의 특별한 비밀이 있는 걸까?
이 장에서는 인맥 없이도 기회가 저절로 찾아오는 사람들의 특징을 파헤쳐 본다.

2 실제 사례
– 인맥이 없어도 성공한 사람들의 이야기

사례 1 스타트업 창업자 B의 이야기
B는 평범한 직장인이었다. 대기업 출신도 아니었고, 집안 배경도 평범

했고, 인맥도 거의 없었다. 하지만 그는 '어떤 행동'을 했고, 사람들이 먼저 찾아오기 시작했다.

SNS에서 유용한 정보를 꾸준히 공유했다.

사람들이 궁금해하는 내용을 잘 정리해서 무료 강의를 열었다.

업계에서 점점 그의 존재를 알게 되었다.

그 결과, 사람들은 그를 찾았고, 자연스럽게 새로운 기회를 얻게 되었다.

"인맥이 없으면, 사람들이 먼저 찾아오게 만들면 된다."

사례 2 **직장인 C의 이야기**

C는 작은 회사의 평범한 직원이었다. 높은 연봉을 받지도 않았고, 대단한 인맥이 있지도 않았고, 특별한 스펙도 없었다.

하지만 그는 '이것' 하나를 실천했고, 인생이 달라졌다.

회사에서 도움이 필요할 때마다 먼저 나섰다. 자기 일뿐만 아니라, 주변 사람들의 문제를 해결해 주었다. 상사는 그를 신뢰하게 되었고, 새로운 프로젝트를 맡겼다. 그 프로젝트가 성공하면서, 더 좋은 자리로 이동할 기회를 얻었다.

"사람들은 '문제를 해결해 주는 사람'을 기억한다."

"도움을 먼저 주는 사람이, 결국 가장 많은 기회를 얻는다."

3 심리학적 분석
– 사람들은 어떤 사람을 돕고 싶어 할까?

"왜 어떤 사람들은 기회가 많고, 어떤 사람들은 기회가 없을까?"

사람들은 '좋아하는 사람'보다는 '도움이 되는 사람'을 더 기억한다. 우리에게는 '기회를 주고 싶은 사람'이 따로 있다. '도움을 주고 싶은 사람'도 따로 있다.

사람들은 이런 사람을 돕고 싶어 한다!
- 항상 긍정적인 에너지를 주는 사람
- 주변 사람들에게 가치를 주는 사람
- 나와 함께하면 좋은 결과가 날 것 같은 사람

결론 – 기회를 얻으려면, 먼저 '기회를 줄 만한 사람'이 되어야 한다.

4 기회가 저절로 찾아오는 사람들의 3가지 특징

1. 내가 가진 정보를 공유한다.

"이 정보, 나만 알고 있어야지!"라고 생각하면, 기회가 줄어든다.
반대로, 사람들에게 도움되는 정보를 주면, 기회가 늘어난다.

2. 도움을 먼저 준다.

사람들은 '받은 도움'을 기억한다. 먼저 베풀면, 언젠가 더 큰 기회로 돌아온다.

3. 자신을 알릴 수 있는 '창구'를 만든다.

SNS, 블로그, 커뮤니티… 어떤 방식이든 '나의 가치를 보여 줄 공간'이 필요하다. 사람들이 나를 알고 찾아올 수 있도록 온라인에서 '존재감'을 만들어라.

5 현실적인 실행 전략
– 인맥 없이도 기회를 만드는 법

1. 내가 가진 정보, 경험, 노하우를 공유하라.
2. SNS, 블로그, 커뮤니티에서 나를 알릴 수 있는 공간을 만들어라.
3. 먼저 베풀어라 – 도움을 주면, 반드시 돌아온다.
4. '이 사람이 있으면 일이 잘될 것 같다'는 인상을 남겨라.
5. 사람들을 연결해 주는 사람이 되어라.

"사람들은 '자기에게 도움을 주는 사람'을 기억한다."

6 자연이 주는 깨달음
– 태양은 빛을 내는 순간, 자연스럽게 사람들이 모인다

태양은 '빛을 내야지!'라고 애쓰지 않는다. 그냥 빛을 낼 뿐이다. 태양은 그저 존재하면서 빛을 낸다. 그런데도 사람들은 태양을 따라간다.

우리의 삶도 마찬가지다. 빛을 내는 사람이 되면, 사람들은 자연스럽게 모인다.

"기회를 만들려 애쓰지 말고, 스스로 기회가 되는 사람이 되어라."

7 명상 기도
– 내게 맞는 기회가 자연스럽게 찾아오도록

"나는 내 가치를 알리고, 기회를 끌어당긴다."
"나는 다른 사람들에게 도움이 되는 사람이 된다."

"나는 자연스럽게 올바른 인연과 기회를 맞이한다."
"나는 기회를 만들어내는 사람이 된다."

8 마무리
– 그래서 어쩌라고?

"인맥이 없다고? 그래서 어쩌라고?"
"어쩌긴, 사람들이 나를 먼저 찾게 만들면 되지!"

많은 사람들이 '인맥이 없어서 기회를 못 잡는다'고 말한다. 그런데 가만히 보면, 인맥이 없어도 잘되는 사람들은 많다. 왜 어떤 사람은 인맥이 없어도 기회를 얻고, 어떤 사람은 아무리 발버둥 쳐도 기회가 오지 않는 걸까?

세상은 기회를 골고루 나눠 주지 않는다. 기회는 '운이 좋은 사람'에게만 주어지는 게 아니다. 기회는 '사람들이 찾고 싶어하는 사람'에게 먼저 간다.

그렇다면 우리는 선택해야 한다. 기회를 기다릴 것인가? 아니면, 사람들이 나를 찾게 만들 것인가?

당신이 먼저 '기회가 되는 사람'이 된다면?

당신이 가치 있는 정보를 나누는 사람이 된다면, 사람들은 당신을 기억할 것이다. 당신이 주변 사람들에게 도움이 되는 사람이 된다면, 사람들은 당신을 찾을 것이다. 당신이 밝고 긍정적인 에너지를 주는 사람이 된다면, 사람들은 당신을 곁에 두고 싶어 할 것이다.

"결국, 사람들은 '가치 있는 사람'에게 기회를 준다."

기회를 잡고 싶다면, 내가 기회가 되는 사람이 되어야 한다. 인맥이 없어도, 내가 가진 것이 있다면 사람들이 나를 먼저 찾는다. 내가 '필요한 사람'이 되면, 자연스럽게 기회는 온다.

당신은 어떤 사람이 될 것인가?

기회를 기다리는 사람? 아니면 기회를 만들어내는 사람?

"기회를 얻는 사람들은, 결국 스스로 '기회가 되는 사람'이 된다."

지금 당장은 내가 가진 것이 없어 보일 수도 있다. 하지만, 내가 가진 작은 경험과 지식도 누군가에게는 도움이 될 수 있다. 그리고 도움이 되는 사람이 되는 순간, 기회는 나에게 온다.

사람들은 '도움이 되는 사람'을 기억한다. 기회는 '사람들이 찾고 싶은 사람'에게 찾아간다. 그러니 기회를 애타게 찾기보다, 기회가 나를 찾게 만들자.

당신이 할 수 있는 3가지 질문

"나는 지금, 주변 사람들에게 어떤 도움을 줄 수 있을까?"

"사람들이 나를 필요로 하게 만들려면 무엇을 할 수 있을까?"

"나는 어떤 가치를 제공하는 사람이 될 것인가?"

이 질문에 답할 수 있다면, 당신은 이미 '기회를 끌어당기는 사람'이 된 것이다.

우주의 기운을 모아 모아!

"나는 기회를 끌어당기는 사람이 된다."

"나는 나의 가치를 발견하고, 세상에 나눈다."

"나는 사람들이 찾고 싶어 하는 사람이 된다."

기회는 자연스럽게 나를 향해 온다. 결국, 당신이 기회를 만들어 가는 사람이다.

7장
직장에서 인정받는 법
↪ 말투 하나로 바뀐다

"같은 말도 다르게 하면, 리더가 될 수 있다."

1 능력은 같은데, 왜 누구는 인정받고 누구는 묻힐까?

"나는 열심히 일하는데, 왜 팀장님은 A만 칭찬할까?"
"같은 얘기를 해도, 왜 나는 무시당하고 B는 인정받을까?"
"내가 더 많이 아는데, 회의에서 말만 하면 다들 집중을 안 해!"

이런 생각을 한 적 있는가? 능력은 같은데, 아니 어쩌면 더 뛰어난데, 이상하게 인정받지 못하는 사람이 있다.

반면, 비슷한 능력을 가졌지만 늘 주목받는 사람들도 있다.

같은 말도 더 설득력 있게 하는 사람, 같은 아이디어도 더 신뢰받는 사람, 같은 의견을 내도 더 영향력이 있는 사람.

그 차이는 '말투'에서 나온다.

말투 하나로 기회를 잡을 수도, 놓칠 수도 있다.

2 실제 사례
– 말 한마디로 기회를 잡은 사람 vs 놓친 사람

사례 1 승진에서 밀린 직원 A vs 승진한 직원 B

같은 부서에서 5년 일한 A와 B. A는 야근도 자주 했고, 업무 실적도 나쁘지 않았다. B도 마찬가지로 성실했고, 성과도 좋았다.

그런데 승진 대상이 되었을 때, 팀장님은 B를 선택했다.

왜?

A는 회의 때 "이건 제가 그냥 한번 해봤습니다…."라며 조심스럽게 말했고, B는 "이 프로젝트는 제가 리드했고, 결과는 이렇습니다."라고 말했다.

A는 실수했을 때 "죄송합니다, 제가 실수했습니다."라고 했고, B는 "이 문제를 이렇게 해결하겠습니다."라고 말했다.

결국, 팀장은 'B가 더 리더처럼 보인다'고 판단했다.

"같은 실력이라면, 말투가 '누가 리더인지'를 결정한다."

사례 2 회의에서 묻힌 의견 vs 채택된 의견

같은 아이디어를 냈지만, 누구의 의견은 채택되고, 누구의 의견은 묻힌다. 그 차이는 '어떻게 말했느냐'에 달려 있다.

"이거 그냥 제 생각인데요…" → 신뢰도 낮음

"이거 별거 아니긴 한데요…" → 자신 없어 보임

"한번 고려해볼 수도 있을 것 같긴 한데요…" → 불확실함

반대로, 인정받는 사람들은 이렇게 말한다!

"이 아이디어를 적용하면, 이런 효과가 있을 겁니다."

"이 전략을 활용하면, 문제를 해결할 수 있습니다."

"이 방식이 더 효과적인 이유는 세 가지입니다."

"어떻게 말하느냐에 따라, 사람들이 듣는 태도가 달라진다."

3 심리학적 분석
– 왜 말투 하나가 인상을 좌우할까?

사람들은 '어떤 말'을 하는지보다, '어떻게 말하는지'에 더 집중한다. 같은 내용을 말해도 목소리의 높낮이, 자신감, 태도가 사람들의 반응을 결정한다.

자신감 있는 목소리는 신뢰를 만든다. 단호한 어조는 결단력을 보여 준다. 긍정적인 표현은 호감을 높인다.

결론 – 말투를 바꾸면 인상이 바뀌고, 인상이 바뀌면 인정받는다.

4 직장에서 인정받는 사람들의 말하기 방식 3가지

1. 자신의 공을 숨기지 않는다.

"이 프로젝트는 팀과 함께했습니다." → 팀워크 강조

"제가 리드했고, 결과는 이렇습니다." → 리더십 강조

2. 문제보다는 해결책을 말한다.

"이거 안 될 것 같은데…." → "이 방향으로 가면 더 좋겠습니다."

"이거 너무 어려운 문제예요…." → "이렇게 해결하면 될 것 같습니다."

3. 자신 있는 말투를 사용한다.

"그냥 제 생각인데요…." → "이 전략이 더 효과적입니다."

"이거 한번 고려해 볼 수도 있을 것 같아요." → "이 방식이 더 좋은 이유는 세 가지입니다."

"단순히 말투만 바꿔도, 사람들이 나를 보는 시선이 달라진다."

5 현실적인 실행 전략
– 업무에서 '리더처럼 보이는 법'

1. 자신감 있는 목소리로 말하기 – 목소리가 곧 신뢰다.
2. 결론을 먼저 말하기 – 핵심부터 전달하면 영향력이 커진다.
3. 해결책 중심으로 말하기 – 문제보다 답을 말하는 사람이 리더가 된다.
4. 팀워크 강조하기 – 함께하는 사람을 인정하면 더 큰 신뢰를 얻는다.
5. 자기 가치를 숨기지 않기 – 공을 인정받는 것도 실력이다.

"말투 하나 바꿨을 뿐인데, 사람들이 나를 다르게 보기 시작한다!"

6 자연이 주는 깨달음
– 바람은 소리를 내지 않아도 방향을 바꾼다

바람은 소리를 내며 불지 않는다. 하지만 방향을 바꾸고, 흐름을 만든다. 바람은 소리를 내지 않아도, 존재감을 드러낸다. 바람은 보이지 않아도, 방향을 바꾼다.

말도 마찬가지다. 적절한 말 한마디가 흐름을 바꾸고, 분위기를 만든다.

"목소리 크기로 인정받는 것이 아니다. 정확한 메시지가 힘을 가진다."

7 명상 기도
– 내 말이 나의 가치를 높이도록

"나는 내 말로 나의 가치를 높인다."
"나는 사람들에게 신뢰를 주는 말투를 가진다."
"나는 문제보다 해결책을 말하는 사람이 된다."
"나는 내 말로 사람들에게 긍정적인 영향을 준다."

8 마무리
– 그래서 어쩌라고?

말투 하나가 그렇게 중요하다고? 그래서 어쩌라고?
어쩌긴, "이제부터라도 바꿔야지!"

직장에서 인정받고 싶다면, 말투부터 바꿔라.
같은 내용을 말해도 어떻게 말하느냐에 따라 평가가 달라진다. 해결책 중심으로 말하면, 리더십이 있어 보인다. 자신감 있게 말하면, 신뢰를 받는다. 말투 하나 바꿨을 뿐인데, 기회가 달라진다.
하지만, '진짜 나'를 잃지 않는 것도 중요하다. 사람들은 '자연스러움'을 좋아한다. 너무 가식적이면, 오히려 역효과가 난다. '진짜 나'를 유지하면서, 효과적인 말하기 방식을 익히는 게 핵심이다.
좋은 말투는 '연기'가 아니라, '자기표현 방식'이다. 내가 가진 능력을 제대로 보여 주기 위한 도구일 뿐이고, 더 나은 기회를 잡기 위해 말하는 방식만 조정하는 것이다.

결국, 나는 변하지 않는다. 다만, 더 좋은 방식으로 보여 줄 뿐.

한 끗 차이로 달라지는 인생
같은 능력을 가졌지만, 말투 하나로 승진한 사람 vs 밀린 사람
같은 의견을 냈지만, 설득력 있게 전달한 사람 vs 묻힌 사람
같은 실수를 했지만, 해결책을 먼저 제시한 사람 vs 사과만 한 사람

결국, 기회는 '제대로 말할 줄 아는 사람'에게 먼저 간다.

지금 이 순간, 스스로에게 질문해 보자. 나는 어떻게 말하고 있는가? 사람들은 내 말을 듣고 어떤 인상을 받을까? 내 말투가 나의 가치를 높이는 데 도움이 되고 있는가?
말투 하나가 바뀌면, 인생도 바뀔 수 있다. 작은 변화가 결국 큰 차이를 만든다. 이제부터라도, 더 나은 방식으로 말해 보자.
우주의 기운을 모아 모아!
"나는 내 말이 나의 가치를 높이도록 한다!"
"나는 신뢰를 얻는 말투를 가진다!"
"나는 나의 의견을 설득력 있게 전달하는 사람이 된다!"
"기회는 준비된 사람에게 온다, 나는 준비되었다!"
그러니 이제, 말 한마디로 기회를 잡아 보자.

8장
시간을 지배하는 사람들의 습관

"왜 나는 하루가 24시간인데, 남들은 더 많은 걸 해내는 걸까?"

1 같은 24시간, 왜 누구는 성공하고 누구는 제자리일까?

"나는 하루 종일 바빴는데, 왜 한 게 없지?"
"오늘도 계획만 세우다 끝났네…."
"시간이 너무 빠르게 가! 아무것도 못 했는데 벌써 밤이야!"
우리 모두 이런 생각을 해본 적 있을 것이다.

그런데 이상하다. 똑같이 24시간을 쓰는데, 어떤 사람은 더 많은 걸 해낸다. 누구는 하루 만에 책 한 권을 읽고, 누구는 같은 시간 동안 유튜브만 보다가 끝난다.

누구는 1년 만에 커리어를 바꾸고, 누구는 몇 년째 똑같은 고민만 반복한다.

"차이는 '바쁜가?'가 아니라, '시간을 지배하는가?'다."

2 실제 사례
– 바쁜 사람보다 '시간을 지배하는 사람'

사례 1 바쁜데 항상 일이 밀리는 사람 vs 여유로운데 성과를 내는 사람

A는 늘 바쁘다. 아침부터 메일 체크, 회의, 업무, 전화, 미팅….

하루 종일 정신없이 일했는데도 항상 일이 밀린다. 뭔가 하고는 있지만 중요한 건 못 하고 있다.

B는 오히려 여유가 있다. 하루 일정이 많지 않다. 하지만 해야 할 중요한 일은 다 끝낸다. 결과적으로 B가 더 인정받고, 더 많은 기회를 얻는다.

차이는 '얼마나 바쁘냐'가 아니라, '어떤 일에 시간을 쓰냐'다.

사례 2 계획만 세우는 사람 vs 바로 실행하는 사람

C는 계획을 잘 세운다. 올해 목표는 영어 공부, 운동, 자기계발!

다이어리에 계획을 빼곡히 적어 둔다. 그런데… 계획만 세우고, 실행은 안 한다. 6개월이 지나도, 아직 첫 페이지를 넘기지 못했다.

D는 바로 실행한다. 고민하지 않고 일단 시작한다. 계획이 완벽하지 않아도, 하면서 수정한다.

결국, C는 아직 제자리지만, D는 이미 반 이상 해냈다.

'계획'이 아니라 '실행'이 인생을 바꾼다.

3 심리학적 분석
– 시간 감각과 인간의 행동 패턴

"시간 감각은 상대적이다."

같은 1시간도 '몰입할 때'와 '딴짓할 때'는 다르게 느껴진다.

"바빠서 시간이 없어요."는 시간이 없어서가 아니라, 집중하지 못했기 때문이다.

시간을 지배하는 사람들의 공통점은?

- 중요한 일을 먼저 한다.

- 멀티태스킹을 하지 않는다.
- 완벽한 계획보다 실행을 우선한다.

"시간을 쓰는 방식이 인생을 결정한다."

4 시간을 효율적으로 쓰는 사람들의 3가지 습관

1. 할 일을 줄인다

할 일이 많다고 다 중요한 게 아니다. '해야 할 일'보다 '안 해도 될 일'을 먼저 정리한다.

2. 완벽주의를 버린다

시작도 못 하면서 '완벽'을 논하지 않는다. 완벽한 계획보다, 일단 실행하는 게 더 중요하다.

3. 몰입 시간을 확보한다

30분이라도 집중해서 하면, 하루 종일 하는 것보다 효과적이다. '딴짓하는 시간'을 줄이는 게 핵심.

"시간을 쓰는 방식을 바꾸면, 인생이 바뀐다."

5 현실적인 실행 전략

– 시간을 내 편으로 만드는 법

- '중요한 일' 3개만 정하기
- 하루 중 '몰입하는 시간' 확보하기

- '작은 실행'부터 시작하기
- 불필요한 일정 & 업무 줄이기
- '나중에' 하지 말고, '지금 당장' 시작하기

"시간은 내가 어떻게 쓰느냐에 따라, 내 편이 될 수도, 적이 될 수도 있다."

6 자연이 주는 깨달음
– 태양은 서두르지 않지만 하루를 완성한다

태양은 급하지 않지만, 하루를 완성한다. 태양은 한 번도 서두른 적이 없다. 하지만 매일 아침 떠오르고, 하루를 만든다.

우리도 마찬가지다. 중요한 것을 차근차근 하면, 결국 원하는 곳에 도달할 수 있다.

"시간을 쫓지 말고, 시간을 지배하는 사람이 되자."

7 명상 기도
– 나는 시간을 지배하는 사람이 된다

"나는 중요한 일에 집중하는 사람이 된다."
"나는 시간을 낭비하지 않고, 내 편으로 만든다."
"나는 지금 당장 실행하는 사람이 된다."
"시간은 나를 위해 흐르고, 나는 그 흐름을 지배한다."

8 마무리
– 그래서 어쩌라고?

"나는 하루가 너무 짧아!"

그래서 어쩌라고?

어쩌긴, "시간을 내 편으로 만들어야지!"

결국, 시간이 아니라 '나'를 바꿔야 한다. 중요한 일을 먼저 하면, 시간이 모자라지 않는다. 실행을 먼저 하면, 계획이 완벽하지 않아도 된다. 시간을 지배하면, 삶을 지배할 수 있다.

시간은 누구에게나 공평하다. 다만, 쓰는 방식이 다를 뿐이다.

오늘부터, 시간을 '내 편'으로 만들어 보자.

우주의 기운을 모아 모아!

"나는 시간을 지배하는 사람이 된다!"

"나는 시간에 끌려가지 않고, 시간을 활용한다!"

"나는 실행하는 사람이 되고, 결과를 만들어 낸다!"

"시간은 나를 기다려주지 않는다. 그러니 지금 시작하자."

9장
자기계발에 미쳐 본 사람들은 어떻게 변했을까?

"책을 읽고, 스스로를 업그레이드하는 사람들의 변화."

1 자기계발, 정말 인생을 바꾸는가?

"책을 읽어도 그대로야."
"좋은 강연을 들어도, 내 삶은 똑같아."
"자기계발? 그냥 시간 낭비 아닌가?"

이런 말을 하는 사람들이 많다. 하지만, 한번 생각해 보자.
'성공한 사람들 중, 자기계발을 하지 않는 사람이 있을까?'

책을 읽는 사람 vs 안 읽는 사람
배우고 실행하는 사람 vs 그냥 흘려보내는 사람
새로운 도전에 나서는 사람 vs 현실에 안주하는 사람

"변화는 '의지'가 아니라, '습관'에서 시작된다."

2 실제 사례
– 평범한 사람이 자기계발로 달라진 순간

사례 1 1년 만에 인생이 달라진 사람

A는 평범한 직장인이었다. 출퇴근만 반복하는 일상, 회사에서 인정받지도 못했고, 퇴근 후엔 그냥 넷플릭스, 유튜브….

그런데, 하루 30분 '자기계발'을 시작했다. 매일 자기계발서를 10쪽씩 읽었다. 강의를 듣고, 배운 걸 조금씩 적용했다.

6개월 후, 업무 태도가 달라졌고, 1년 뒤, 연봉 협상에서 승리했다.

"작은 습관 하나가, 커리어를 바꾸는 순간이었다."

사례 2 자기계발을 하다가 포기한 사람

B는 자기계발을 하려 했지만, 실패했다.

자기계발서를 한 달에 3권씩 읽었지만, 실제 행동은 바꾸지 않았다. 강연을 듣고 감탄했지만, 3일 뒤엔 잊어버렸다.

결국, '자기계발은 의미가 없다'고 생각하고 포기했다.

"지식만 쌓고, 실행하지 않으면 변화는 없다."

3 심리학적 분석
– 변화하는 사람과 제자리인 사람의 차이

자기계발은 '결과'가 아니라 '과정'이지만, 많은 사람이 '당장 효과가 없으면 의미가 없다'고 생각한다.

하지만, 자기계발은 점진적인 변화다. 1년 뒤, 3년 뒤… 누적된 차이가

'인생'을 바꾼다.

성장하는 사람들은 이렇게 행동한다.
- 배운 것을 즉시 적용한다.
- 조금씩이라도 꾸준히 한다.
- 비교하지 않고, 자신의 성장 속도를 존중한다.

"변화는 하루아침에 오지 않지만, 멈추지 않으면 반드시 온다."

4 자기계발 효과를 극대화하는 3가지 원칙

1. 정보 과부하를 피하라.

너무 많은 책을 읽고, 너무 많은 영상을 보면 실천할 시간이 없다. 중요한 것은 적은 것을 배워도 바로 실행하는 것.

2. 일단, 한 가지라도 행동으로 옮겨라.

책을 읽었으면, 배운 것 하나라도 실천하기. 강연을 들었으면, 한 줄이라도 메모하고 적용하기.

3. 지속 가능하게 만들어라.
- 한 달 동안 매일 3시간 공부 → 실패 확정
- 매일 10분이라도 실천 → 장기적으로 성공

"작은 행동이 쌓이면, 결국 큰 변화가 된다."

5 현실적인 실행 전략
– 실천하지 않으면, 아무 의미 없다

- 하루 10분, 자기계발 시간 만들기
- 배운 것 중 하나라도 즉시 실행하기
- 완벽한 변화가 아니라, 작은 변화부터 시작하기
- 자신과 비교하지 않고, 꾸준함을 유지하기
- 새로운 습관을 '일상'으로 만들기

"행동 없는 자기계발은, 아무 의미가 없다."

6 자연이 주는 깨달음
– 나무도 끊임없이 성장한다

나무는 하루아침에 자라지 않는다. 처음에는 보이지 않을 만큼 천천히 성장한다. 하지만, 매일 조금씩 가지를 뻗고, 뿌리를 내린다. 1년 후, 5년 후, 10년 후… 거대한 나무가 된다.

자기계발도 마찬가지다. 하루의 작은 변화가, 인생의 큰 변화를 만든다.

"지금은 보이지 않아도, 꾸준히 하면 반드시 달라진다."

7 명상 기도
– 나는 매일 성장하는 사람이다

"나는 매일 조금씩 성장한다."
"나는 배운 것을 실천하며, 나를 업그레이드한다."

"나는 작지만 지속적인 변화를 만들어간다."
"나는 시간이 지나면 더 나은 사람이 될 것이다."

8 마무리
– 그래서 어쩌라고?

"자기계발? 그거 다 헛소리 아니야?"
"그래서 어쩌라고?"
어쩌긴, 실천해야지!
자기계발은 '배우는 것'이 아니라, '행동하는 것'이다.
읽기만 하면 그냥 지식일 뿐이지만, 실천하면 현실이 바뀐다.
하루하루 작은 변화가, 미래의 나를 완전히 바꾼다. 변화는 하루 만에 일어나지 않는다. 하지만 매일 하면, 반드시 일어난다. 그러니 오늘부터, 한 걸음씩 나아가 보자.
우주의 기운을 모아 모아!
"나는 매일 성장하는 사람이다!"
"나는 배운 것을 실천하며, 내 인생을 바꾼다!"
"작은 습관 하나가, 내 미래를 새롭게 만든다!"
"오늘 배운 것 중, 하나라도 실천해 보자."

10장
나에게 맞는 직업과 커리어 찾기

"돈 + 적성 + 지속 가능한 일 = 최고의 직업 찾기 공식."

1 어떤 직업이 내 인생을 바꿔 줄까?

"내가 하고 싶은 일이 뭔지 모르겠어."
"돈도 벌어야 하는데, 적성도 고려해야 하고… 도대체 뭐가 맞는 거야?"
"좋아하는 일만 하면 돈이 안 되고, 돈 되는 일만 하면 재미가 없고…."
많은 사람들이 '나에게 맞는 직업'을 고민한다.
'좋아하는 일'을 하면 행복하지만, 돈이 안 될까 봐 불안하다.
'돈 되는 일'을 하면 안정적이지만, 하루하루가 지루할 수도 있다.
'유명한 직업'을 선택하면 멋져 보이지만, 나와 안 맞을 수도 있다.

"내가 진짜 원하는 삶은 무엇일까?"

2 실제 사례
– 잘못된 직업 선택 vs 적성에 맞는 직업 선택

사례 1 돈 때문에 직업을 선택한 사람

A는 안정적인 직업을 원했다. 부모님이 공무원을 추천해서, 준비 끝에 합격했다. 하지만, 3년 후 그는 번아웃이 왔다. 매일 반복되는 일상이 지

루했고, 단순히 '돈'만 보고 선택한 일이었기에 흥미가 없었다.

결국, A는 새로운 길을 찾기로 했다. 좋아했던 '마케팅'을 배웠고, 1년간 준비한 끝에 업계로 이직했다. 연봉은 초기엔 줄었지만, 결국 2배로 늘었다.

"돈만 보고 직업을 선택하면, 결국 지치게 된다."

사례 2 적성에 맞는 일을 찾은 사람

B는 자신이 좋아하는 일을 찾기로 했다.

디자인을 좋아했지만, 부모님이 반대했다. 하지만, 퇴근 후에도 혼자 디자인을 연습했다. 3년 후, 그는 자신만의 브랜드를 만들었다. 처음엔 돈이 안 됐지만, 결국 고객을 끌어모았고 성공했다.

"처음엔 어려워도, 적성에 맞는 일을 하면 오래 지속할 수 있다."

3 심리학적 분석
– '좋아하는 일'과 '돈이 되는 일'의 균형 찾기

좋아하는 일 = 무조건 행복? → 현실적으로 어려운 점도 있다.

돈 되는 일 = 무조건 만족? → 돈만 좇다 보면 번아웃이 올 수 있다.

완벽한 직업이란 없다. 따라서, 나에게 맞는 균형을 찾는 것이 중요하다.

성공한 사람들의 공통점
- 처음엔 돈이 안 돼도, 오래 할 수 있는 일을 선택한다.
- 현재 직업을 유지하면서, 새로운 가능성을 실험한다.
- 내가 잘하는 것, 시장에서 필요한 것, 내가 원하는 것을 합친다.

"나에게 맞는 직업을 찾는 건, 단순히 '돈'이 아니라 '삶의 방향'을 정하는 일이다."

4 현실적인 실행 전략
– '나에게 맞는 일'을 찾는 5단계 방법

1. '좋아하는 일'과 '잘하는 일'을 리스트업 하기
2. 시장에서 '필요한 일'과 연결하기
3. 실제로 경험해 보고, 작은 프로젝트를 진행해 보기
4. 경제적인 현실을 고려해 점진적으로 이동하기
5. 실행하면서, 스스로 '어떤 방향이 맞는지' 확인하기

"한 번에 직업을 바꾸는 것이 아니라, 점진적으로 탐색하는 것이 중요하다."

5 구체적인 실행 전략
– 진짜 커리어를 바꾸는 실천법

1. 현재 직업 내에서 새로운 역할을 시도해 보기
2. 사이드 프로젝트를 시작해서, 관심 분야를 실험하기
3. 네트워킹을 활용해 업계 전문가들과 연결하기
4. 필요한 기술을 배우기 위해 온·오프라인 강의 듣기
5. 1~2년 단위로 커리어 목표를 설정하고 조정하기

"작은 도전이 쌓이면, 새로운 기회가 보인다."

6 자연이 주는 깨달음
– 강물은 낮은 곳으로 흐르며, 자신의 길을 만든다

강물은 억지로 높은 곳을 향하지 않는다. 강물은 자연스럽게 흐르는 길을 따른다. 하지만, 결국 거대한 강을 이루고, 바다로 나아간다.
우리도 억지로 남들이 말하는 '좋은 길'을 따라가기보다, 나에게 맞는 자연스러운 흐름을 찾는 것이 중요하다.

"나는 내 흐름을 찾아, 나만의 길을 만들어 갈 것이다."

7 명상 기도
– 나는 나에게 맞는 길을 찾는다

"나는 내 적성과 원하는 삶을 찾는다."
"나는 돈과 행복, 두 가지를 조화롭게 맞춘다."
"나는 나만의 속도로, 나에게 맞는 길을 찾아간다."
"나는 지금도 성장하며, 최선의 선택을 해나간다."

8 마무리
– 그래서 어쩌라고?

"나한테 맞는 일이 뭔지 모르겠어!"
"그래서 어쩌라고?"
"어쩌긴, 찾아봐야지!"
직업은 한 번 선택하면 끝이 아니다. 계속 탐색하고, 발전해야 한다.
완벽한 직업이란 없다. 하지만, 내가 원하는 방향을 찾을 수 있다. 돈,

적성, 지속 가능성을 모두 고려해야 한다.

오늘 내가 하는 일이 10년 뒤에도 하고 싶은 일인가? 그렇지 않다면, 지금부터 새로운 가능성을 만들어 보자.

우주의 기운을 모아 모아!

"나는 나에게 맞는 길을 찾는다!"

"나는 나만의 속도로, 최선의 길을 개척한다!"

"돈과 행복, 두 가지를 모두 잡는 사람이 된다!"

"완벽한 길을 찾기보다, 지금부터 탐색해 보자."

11장
억만장자들이 공통적으로 하는 3가지 습관

"부자들이 매일 하는 작은 행동들이 결국 차이를 만든다."

1 왜 나만 돈이 안 모일까?

"왜 내 통장은 항상 텅텅 비어 있을까?"
"부자들은 도대체 뭘 알길래, 돈이 끊임없이 들어오는 걸까?"
"혹시, 부자가 되는 비밀이 있는 거 아닐까?"

같은 월급을 받는데 돈이 모이는 사람과 모이지 않는 사람이 있다. 부자들은 단순히 '돈을 많이 버는 것'이 아니라, '돈을 다루는 법'을 알고 있다. 우리도 그들이 하는 '작은 차이'를 배우면, 경제적 자유를 만들 수 있다.

"부자들은 대체 어떤 습관을 가지고 있을까?"

2 실제 사례
― 평범한 사람이 부자가 된 결정적 순간

사례 1 돈이 돈을 벌게 만드는 법을 깨달은 사람

A는 평범한 직장인이었다. 월급을 받으면, 생활비로 쓰고 남는 돈이 없었다. 하지만 어느 날, '부자들은 돈을 모으는 것이 아니라, 돈이 일하게 한다'는 걸 알게 되었다.

그는 '월급의 10%를 자동 저축 + 투자' 시스템을 만들었다.
몇 년 후, 그는 직장을 다니면서도 추가 소득을 얻고 있었다.

"부자가 되려면, 부자가 되는 방식을 배워야 한다."

사례 2 사고방식을 바꾸자 돈이 따라온 사람

B는 항상 돈이 부족했다. 돈을 벌면, 다 써 버리고 항상 '돈이 부족하다'고 생각했다.

그러던 중, 그는 부자들의 사고방식이 다르다는 걸 깨달았다. '돈이 없어서 못 한다'가 아니라, '어떻게 하면 돈을 만들 수 있을까?'를 생각하기 시작했다.

그 결과, 새로운 기회를 찾았고, 결국 사업을 시작했다.

"돈을 다루는 사고방식을 바꾸면, 현실도 바뀐다."

3 심리학적 분석
– 부자와 일반인의 사고방식 차이

부자들은 돈을 바라보는 방식이 다르다. 돈을 '한정된 것'으로 보지 않고, '확장 가능한 것'으로 본다. 소비보다 '투자'를 우선한다.

'일해서 돈을 버는 것'보다 '돈이 스스로 일하게 만든다.'

돈이 모이지 않는 사람들의 공통점
- 돈이 생기면 먼저 소비한다.
- '나중에 돈이 많아지면 저축해야지'라고 생각한다.
- 돈을 벌어도 관리하는 방법을 모르고, 결국 다시 돈이 없어진다.

"부자들은 돈을 어떻게 다룰까?"

4 현실적인 실행 전략
– 부자들이 반드시 지키는 습관 3가지

1. 돈을 다룰 줄 알아야 부자가 된다.

월급을 받으면, 먼저 '저축+투자'를 한다. 돈이 생기면, 자기 자신에게 먼저 '미래 자산'으로 투자한다.

2. 돈을 쓰는 법을 배워야 한다.

돈을 쓸 때 '이 소비가 미래의 나를 더 나아지게 하는가?'를 고민한다. 부자들은 충동 소비를 하지 않고, '돈이 다시 돌아올 소비'를 선택한다.

3. 돈을 버는 방식을 다양화한다.

부자들은 '월급만으로는 부자가 될 수 없다'는 걸 알기에 돈을 벌 수 있는 2~3가지 이상의 방법을 만들어 둔다. 사이드 프로젝트, 투자, 사업 등 여러 개의 수입원을 만든다.

"부자가 되려면, 먼저 돈을 다루는 방법부터 바꿔야 한다."

5 부자의 비밀 노트
– 돈을 다루는 숨겨진 기술

- 돈을 벌 때마다 50%는 미래를 위해 남겨 둔다.
- 충동 소비를 피하고, 48시간 고민 후 결제한다.
- 수익의 일부를 계속해서 재투자한다.

- 돈이 일하게 만드는 '투자 시스템'을 구축한다.
- 책임감 있는 소비 습관을 갖는다.

"돈이 돈을 벌게 하려면, 돈을 다루는 기술이 필요하다."

6 자연이 주는 깨달음
- 바람이 불어도 흔들리지 않는 나무처럼

나무는 강한 바람에도 쉽게 쓰러지지 않는다. 깊이 뿌리내린 나무는 어떤 바람에도 흔들리지 않는다.

그와 같이 부자들은 단기적인 돈의 흐름에 흔들리지 않는다. 돈을 지키는 방법을 알면, 경제적 자유를 만들 수 있다.

"나는 돈을 현명하게 다루고, 흔들리지 않는 경제적 기초를 만든다."

7 명상 기도
- 나는 풍요를 선택한다

"나는 돈을 다룰 줄 아는 사람이 된다."
"나는 돈이 스스로 일하게 만드는 습관을 기른다."
"나는 경제적으로 자유로워지는 방법을 배운다."
"나는 돈이 자연스럽게 흐르는 인생을 선택한다."

8 마무리
– 그래서 어쩌라고?

"돈이 모이지 않는다고?"

"그래서 어쩌라고?"

어쩌긴, "돈을 다루는 방식을 바꿔야지!"

"돈을 많이 버는 것보다, 돈을 관리하는 법을 배우는 것이 더 중요하다."

부자들은 돈을 바라보는 시각이 다르고, 그런 작은 습관이 결국 큰 차이를 만든다. 돈을 쌓는 법이 아니라, 돈을 흐르게 하는 법을 배워야 한다.

"부자는 단순히 운이 좋은 것이 아니다. 부자처럼 생각하고, 행동했기 때문이다."

우주의 기운을 모아 모아!

"나는 돈을 다루는 법을 배운다!"

"나는 돈이 자연스럽게 흘러가는 시스템을 만든다!"

"나는 경제적 자유를 선택한다!"

"돈을 다루는 방식을 바꾼다면, 나도 경제적 자유를 만들 수 있다."

12장
일을 잘하는 사람과 못하는 사람의 차이

"이거 하나만 바꿔도 직장에서 완전히 다르게 보인다."

1 왜 똑같이 일해도 누구는 인정받고, 누구는 묻힐까?

"나는 분명 열심히 일하는데, 왜 상사는 내 노력을 몰라줄까?"
"회의 때 좋은 아이디어를 냈는데, 결국 다른 사람이 인정받았다."
"일을 잘한다는 건 대체 뭐지? 그냥 상사한테 잘 보이면 되는 건가?"

우리는 같은 시간을 일하지만, 성과를 인정받는 사람과 그렇지 않은 사람이 있다. 중요한 건 '열심히' 하는 게 아니라, '잘' 하는 것이다.

일을 잘하는 사람들은 어떻게 다를까?

결정적인 차이, 지금부터 파헤쳐 보자!

2 실제 사례
  – 일머리가 좋은 사람과 아닌 사람의 결정적 차이

사례 1 나는 왜 맨날 야근을 하는데 인정을 못 받을까?

J는 회사에서 가장 늦게까지 남아 있는 직원이었다. 그는 누구보다 열심히 일했고, 야근도 마다하지 않았다. 하지만 상사는 그에게 "일이 너무 많으면 조절해야지."라며 칭찬보다 핀잔을 줬다.

반면, 동료 K는 야근도 별로 안 하는데 늘 인정받았다.

'열심히' 일하는 것과 '성과를 내는 것'은 다르다.

J는 바쁜 일을 많이 했지만, K는 중요한 일을 골라서 했다.

J는 완벽주의 때문에 일을 혼자 끌어안았지만, K는 효율적으로 일하고 공유했다.

"일을 잘하는 건 '시간'이 아니라 '결과'다."

사례 2 회의 때 의견을 냈는데, 결국 내 아이디어가 아닌 것처럼 됐다.

M은 회의에서 기발한 아이디어를 냈지만 팀장은 대수롭지 않게 넘겼다. 그런데 몇 주 후, 동료가 비슷한 아이디어를 내고 칭찬을 받았다. M은 억울했지만, 누구도 그게 원래 M의 아이디어라고 생각하지 않았다.

"직장에서 아이디어는 '누가 가장 잘 설명하느냐'가 중요하다."

M은 아이디어를 던지는 것만 했지만, 동료는 실행 계획까지 준비했다.

M은 팀장에게 따로 어필하지 않았지만, 동료는 미팅 전에 사전 논의를 했다.

"일 잘하는 사람은 자기 의견을 '제대로 전달'하는 사람이다."

3 심리학적 분석
– 일 잘하는 사람의 사고방식

회사에서 중요한 건 '노력'이 아니라 '가치'다. 우리는 '열심히 하면 인정받는다'라고 생각하지만, 회사는 '가치 있는 결과'를 본다.

일 잘하는 사람들은 '우선순위'를 정하고, '어떤 일을 먼저 해야 할지'를 안다. 직장에서 중요한 건 '내가 한 일을 사람들이 알도록 만드는 것'이다.

일머리가 좋은 사람들의 공통점
- 중요한 일과 중요하지 않은 일을 구분한다.
- 상사가 원하는 '핵심 포인트'를 빠르게 파악한다.
- 일을 '내 것'으로 만들지 않고, 공유하면서 협력한다.

"노력의 방향이 중요하다. 엉뚱한 곳에서 힘 빼지 말자."

4 현실적인 실행 전략
– 5가지 핵심 행동

1. '바쁜 일'보다 '핵심적인 일'에 집중하라.
모든 일을 다 잘하려고 하면, 결국 중요한 일을 놓친다. "이 일이 정말 필요한 일인가?" 스스로 질문하라.

2. 내 의견을 '효과적으로 전달'하는 법을 익혀라.
말하는 것보다 '어떻게 전달하느냐'가 더 중요하다. 아이디어를 말할 땐, 해결책과 실행 방법까지 준비하라.

3. '혼자 하는 것'보다 '함께하는 것'이 더 빠르다.
도움을 요청하는 것도 능력이다. 일이 많을 땐, 동료와 분배해서 빠르게 해결하는 법을 배워라.

4. 회의에서 '존재감'을 높이는 전략을 익혀라.
말을 많이 하는 게 중요한 게 아니라, '핵심만 정확히 전달하는 것'이 더 중요하다. 회의 전에 상사나 동료와 미리 조율하는 것도 전략이다.

5. '보이는 일'과 '가치 있는 일'을 구분하라.

   단순 반복 업무보다, 회사에 더 큰 가치를 줄 수 있는 일을 하라.
   상사가 중요하게 여기는 일을 먼저 해결하라.

"일 잘하는 사람들은 이 5가지를 실천한다."

5 직장에서 살아남는 생존 전략
– '보이는 일'과 '가치 있는 일' 구분하기

보이는 일: 겉으로 바쁘게 보이지만, 결과가 없는 일.
가치 있는 일: 회사에서 인정받고, 성과로 이어지는 일.

"내가 하고 있는 일, 보이는 일인가? 가치 있는 일인가?"

6 자연이 주는 깨달음
– 물은 낮은 곳으로 흐르지만, 결국 강이 된다

"물이 흐르는 걸 보라. 처음엔 작은 시내지만, 결국 강을 이루고 바다로 간다."

일도 마찬가지다. 처음엔 보이지 않는 작은 변화들이 결국 큰 결과를 만든다.

방향이 중요하다. '제자리걸음'이 아니라, '성장하는 흐름'을 만들어야 한다.

"나는 작은 변화를 시작하고, 결국 큰 성장을 이룬다."

7 명상 기도
– 나는 능력을 인정받는 사람이 된다

"나는 '바쁜 사람'이 아니라 '가치 있는 사람'이 된다."
"나는 중요한 일을 정확히 해내는 사람이 된다."
"나는 내 능력을 효과적으로 전달할 줄 아는 사람이 된다."
"나는 직장에서 인정받고, 성장하는 길을 선택한다."

8 마무리
– 그래서 어쩌라고?

"직장에서 인정 못 받는다고?"
"그래서 어쩌라고?"
어쩌긴, "일을 더 스마트하게 해야지!"
'바쁜 일'에서 '가치 있는 일'로 전환하자.
결과로 보여 주는 사람이 되자.
오늘부터 작은 습관을 바꿔 보자.
우주의 기운을 모아 모아!
"나는 능력 있는 사람이 된다!"
"나는 성장하는 방향으로 나아간다!"
"작은 변화가 결국 내 커리어를 바꿀 것이다."

13장
실패를 기회로 만드는 사람들의 마인드셋

"망했을 때, 이 사람들은 이렇게 대처했다."

1 망했다고? 정말 끝일까?

"망했다."
그 말이 처음 입에서 나오면, 정말 끝난 것처럼 느껴진다.

직장 – "대형 프로젝트에서 실수했다. 상사가 불러서 '책임을 져야 할 것 같다'는 말을 들었다. 내 커리어는 이제 끝난 걸까?"

사업 – "가게를 열었는데 장사가 안된다. 빚이 점점 쌓인다. 진짜 망하는 걸까?"

투자 – "주식과 코인에 올인했는데 폭락했다. 다시 올라올까? 아니면 이걸로 끝일까?"

연애 – "오랜 연애가 끝났다. 난 아직도 그 사람을 잊지 못하는데, 상대는 벌써 새 연애를 시작했다. 나는 이제 어떻게 살아야 할까?"

이혼 – "10년을 함께한 배우자와 이혼했다. 혼자 살아갈 자신이 없다. 정말 다시 행복해질 수 있을까?"

가족 – "부모님께 큰소리를 쳤다. 자식에게 상처를 줬다. 돌이킬 수 없는 실수를 저지른 걸까?"

"이제 진짜 끝인가?"

그렇게 생각했던 사람들이 있다. 그런데 그 사람들은 다시 일어섰다.

"망했다고? 그래도 인생은 계속된다."

2 실제 사례
– 실패해도, 끝이 아니었던 사람들

사례 1 **이혼 후, 나는 더 나은 사람이 되었다.**

그녀의 이야기 – 10년을 함께한 남편과 이혼했다. 주변에서는 "그래도 애 때문에 참고 살아야지."라고 말했다.

"나는 이제 끝났다. 혼자서 어떻게 살아야 하지?"

그러나… 그녀는 자신을 돌보기 시작했다. 결혼 생활에서 미뤘던 꿈을 다시 꿨다. 5년 후, 그녀는 더 건강하고, 더 자유롭고, 더 행복한 삶을 살고 있다.

"이혼이 내 삶의 끝이 아니라, 다시 찾은 나의 시작이었다."

사례 2 **사업이 망했다. 그런데 그 덕분에 인생이 바뀌었다.**

그의 이야기 – 친구와 함께 창업했다. 2년 만에 회사가 망했다. 빚만 남았다.

"이제 나는 끝났다."

그러나… 실패 원인을 분석했다. 이번엔 같은 실수를 반복하지 않았다. 3년 후, 두 번째 사업은 대박이 났다.

"실패는 끝이 아니라, 더 나은 시작이다."

3 심리학적 분석
– 실패를 다루는 두 가지 방식

1. 나는 끝났다 vs 나는 성장 중이다

패배형 마인드: "난 실패했어. 끝이야."

성장형 마인드: "난 배웠어. 다음엔 다르게 해볼 거야."

2. 실패를 두려워하는 사람 vs 실패를 이용하는 사람

실패를 두려워하는 사람: "망할까 봐 도전도 못 하겠다."

실패를 이용하는 사람: "망해도 괜찮아. 이번엔 다르게 해보면 되잖아?"

3. 실패는 자기 가치가 아니다.

실패는 내 능력의 한계를 증명하는 것이 아니다. 실패는 단지, 하나의 경험일 뿐이다.

"나는 실패했지만, 실패에 머물지는 않는다."

4 현실적인 실행 전략
– 실패를 기회로 바꾸는 5단계 과정

1. 실패 원인을 냉정하게 분석하라

감정적으로 보지 말고, 차분하게 정리해라.

"내가 통제할 수 있었던 부분은 무엇인가?"

2. 같은 방식으로 다시 도전하지 마라

똑같이 하면, 똑같이 실패한다.

"이번엔 뭘 다르게 할 것인가?"

3. 실패 경험을 공유하라
"나만 이런 줄 알았는데, 다들 한 번쯤은 망해봤더라."
실패를 나누면, 더 좋은 전략이 보인다.

4. 작은 성공부터 쌓아라
한 번에 역전하려고 하지 마라.
"작은 성공이 쌓이면, 나중에 큰 성공으로 이어진다."

5. 다시 도전할 타이밍을 잡아라
조급해하지 마라.
"언제 다시 시작해야 할까?" 신중하게 결정하라.

"실패는 다시 시작하기 위한 과정이다."

5 실패 후 다시 시작하는 법
– 멘탈 회복 루틴 만들기

1. 실패한 날, 자기 자신을 위로하는 시간 갖기
2. 실패 원인 분석 후, 적어 보기
3. 다시 도전할 목표 정리하기
4. 충분한 준비 후, 재도전 타이밍 잡기
5. 작은 성공 경험을 먼저 만들어 보기

"실패는 끝이 아니라, 다시 시작하는 계기다."

6 자연이 주는 깨달음
– 대나무는 쓰러져도 다시 자란다

"대나무는 폭풍이 불어 쓰러져도, 뿌리는 남아 있다."
한 번 쓰러졌다고 해서, 대나무가 끝난 게 아니다. 뿌리가 있으면, 다시 자랄 수 있다. 실패해도, 우리 안에 있는 가능성은 사라지지 않는다.

"나는 다시 일어설 수 있다. 실패는 나를 더 강하게 만든다."

7 명상 기도
– 나는 실패에서 배우고, 다시 성장한다

"나는 실패를 두려워하지 않는다."
"나는 실패를 통해 더 강해진다."
"나는 실패를 내 인생의 중요한 경험으로 만든다."
"나는 다시 도전할 용기를 얻는다."
"나는 실패를 넘어, 성장하는 사람이 된다."

8 마무리
– 그래서 어쩌라고?

"망했다고? 그래서 어쩌라고?"
끝난 게 아니다. 다시 시작할 수 있다. 실패는 과정일 뿐이다.
배우고, 성장하고, 다시 도전하면 된다.
"망했다고 좌절할 시간에, 다음 전략을 고민하자."
우주의 기운을 모아 모아!

"나는 실패를 성장의 발판으로 삼는다!"
"나는 다시 도전하고, 반드시 성공한다!"
"실패를 두려워하지 않는 사람이 결국 이긴다."

14장
'하고 싶은 일'이 없어도, 성공할 수 있다

"지금 하는 일에서 최고가 되면, 기회가 찾아온다."

1 하고 싶은 게 없는데, 어떻게 성공해?

"너는 꿈이 뭐야?"
이 질문을 들으면 당황스러운 사람들이 많다.
"솔직히… 난 하고 싶은 게 딱히 없는데?"
"그냥 돈 벌면서 살면 되지 않나?"
"다들 하고 싶은 게 명확한 것처럼 보이는데, 나는 왜 모르겠지?"
"하고 싶은 일이 없으면, 인생 망하는 거야?"

직장인 A: "나는 그냥 월급 받으며 살아가는 중. 꿈이 없어서 불안해."
대학생 B: "내가 뭘 좋아하는지도 모르겠어. 적성도 모르겠고."
취준생 C: "내가 하고 싶은 일 찾으려고 여러 경험해 봤는데도 답이 안 나와."
사업가 D: "돈을 벌긴 하는데, 내가 이걸 진짜 하고 싶은지는 모르겠어."

하고 싶은 일이 없으면, 그냥 대충 살게 되는 걸까?
꿈이 없으면, 성공할 수 없는 걸까?

"그런데, 꼭 하고 싶은 일이 있어야 성공할까?"

2 실제 사례
- 좋아하는 일을 몰라도 성공한 사람들

사례 1 나는 하고 싶은 게 없었다. 그런데 하다 보니 좋아졌다.

그는 대학을 졸업하고 직장을 다녔다. 특별한 꿈도 없고, 그냥 돈 벌기 위해 다녔다. 그런데, 점점 한 분야에서 능력을 인정받기 시작했다. 어느 순간, '이 일이 생각보다 재미있네?'라는 생각이 들었고 지금은 업계에서 인정받는 전문가가 되었다.

"처음부터 좋아하는 일을 찾을 필요는 없다. 하다 보면 좋아질 수도 있다."

사례 2 나는 꿈이 없었다. 하지만, 무조건 잘하려고 했다.

그는 처음 시작한 직업이 평범한 회사원이었다. '이게 내 길인가?' 고민했지만, 일단 최선을 다했다. 그랬더니 회사에서 인정받고, 더 좋은 기회가 왔다. 결국, 자신도 몰랐던 적성을 발견하고, 성공적인 커리어를 쌓았다.

"하고 싶은 일이 없어도, 지금 하는 일에서 최고가 되면 기회가 찾아온다."

3 심리학적 분석
- 좋아하는 일과 성공의 관계

1. 하고 싶은 일이 있다 ≠ 성공한다

하고 싶은 일이 있다고 무조건 성공하는 것은 아니다. 중요한 것은 '그 일을 어떻게 하느냐'이다.

2. '좋아하는 일'은 시간이 지나면서 변한다

20대 때 좋아하는 것과 40대 때 좋아하는 것이 다를 수 있다. 좋아하는 일은 살면서 바뀌는 것이 자연스럽다.

3. 일단 시작하면, 좋아지는 일도 있다

"나는 이 일을 좋아하지 않아." → 하지만 하다 보면 좋아질 수도 있다.
"이건 내 길이 아니야." → 하지만 익숙해지면 적성이 될 수도 있다.

"하고 싶은 일을 못 찾았다고 불안해하지 마라. 일단 시작해 보자."

4 현실적인 실행 전략
– 하고 싶은 일이 없어도 성공하는 법

1. 지금 하는 일을 '내 것'으로 만들어라

'이건 내 일이 아니야'라는 생각을 버려라. 지금 하는 일에서 최고가 되자.

2. 새로운 기술을 배우며 성장하라

지금 하는 일과 연결될 수 있는 스킬을 익혀라. 배우다 보면, 새로운 가능성이 보인다.

3. 작은 성취감을 경험하라.

작은 목표를 세우고, 하나씩 성취하라. 성취감이 쌓이면, 어느 순간 '이 일이 생각보다 재미있네?'라고 느낄 수도 있다.

4. 사람들과의 연결을 늘려라

새로운 사람들과의 대화를 통해 다양한 가능성을 발견하라. 인맥을 쌓다 보면, 의외의 기회가 찾아온다.

5. 돈이 되는 일과 좋아하는 일의 균형을 찾아라

돈만 보고 일하면 지칠 수 있다. 하지만 '내가 원하는 자유'를 위해서는 돈도 중요하다.

"지금 하는 일에서 가치를 발견하면, 성공이 따라온다."

5 마음공부
– 하고 싶은 일을 찾는 법

나는 지금 하는 일에서 의미를 찾고 있는가?
나는 지금 하고 있는 일을 더 잘할 방법을 고민하는가?
나는 새로운 것을 배우며 성장하고 있는가?
나는 좋아하는 일을 찾는 것보다, 지금을 즐기는 법을 배우고 있는가?

"하고 싶은 일은 찾는 것이 아니라, 만들어 가는 것이다."

6 자연이 주는 깨달음
– 강물은 흘러가며 길을 만든다

강물은 처음부터 길을 알고 있지 않았다. 하지만 흐르면서 자연스럽게 길을 만든다. 하고 싶은 일도 마찬가지다. 일단 움직이면, 길이 보인다.

"지금 하는 일이 나의 길이 될 수 있다."

7 명상 기도
– 나는 지금 하는 일에서 가능성을 발견한다

"나는 지금 하는 일을 소중히 여긴다."

"나는 내 일에서 가치를 찾는다."

"나는 점점 더 나에게 맞는 길을 찾아가고 있다."

"나는 내가 하는 일에서 최선을 다하며 성장한다."

"나는 지금 이 자리에서, 나만의 성공을 만들어 간다."

8 마무리
– 그래서 어쩌라고?

"하고 싶은 일이 없다고? 그래서 어쩌라고?"

그게 인생 끝난 건 아니다. 지금 하는 일에서 의미를 찾으면 된다. 최선을 다하면, 기회는 온다.

"하고 싶은 일을 못 찾았다고 좌절할 필요 없다."

"지금 할 수 있는 일을 하다 보면, 길이 보인다."

우주의 기운을 모아 모아!

"나는 지금 하는 일에서 최고가 될 것이다!"

"나는 움직이며, 나만의 길을 찾아간다!"

"하고 싶은 일이 없어도, 인생은 계속된다. 중요한 건 '어떻게 하느냐'이다."

15장
인생은 결국, 실행하는 사람이 이긴다

"아무것도 하지 않으면, 아무 일도 일어나지 않는다."

1 왜 난 늘 생각만 하고 끝낼까?

"해야지, 해야지" 하다가 또 한 달이 지났다.
"이제는 진짜 시작해야지"라고 다짐했지만, 또 미뤘다.
"완벽한 계획을 세우고 해야지" 하다가, 결국 아무것도 안 했다.
망할까 봐, 괜히 시작했다가 손해 볼까 봐 결국 시작도 안 했다.
왜 나는 늘 생각만 하다가 끝나는 걸까? 언제까지 준비만 하다가 기회를 놓칠 건가?
결국, 실행하는 사람이 이긴다.

"시작하지 않으면, 아무것도 바뀌지 않는다."

2 실제 사례
– 행동한 사람과 행동하지 않은 사람의 차이

사례 1 친구랑 똑같이 고민했는데, 한 명은 성공하고 한 명은 그대로다.
두 사람은 같은 시기에 창업을 고민했다. 한 사람은 "완벽한 준비가 필요해."라며 계속 고민했다. 다른 한 사람은 "일단 작은 것부터 해보자."며 실행했다.

1년 후

실행한 사람 → "적지만 수익이 난다."

고민만 한 사람 → "아직도 준비 중이다."

"완벽한 준비보다, imperfect action(완벽하지 않아도 실행)이 더 중요하다."

사례 2 하고 싶은 게 있어서 5년을 고민했다. 그런데, 그냥 했어야 했다.

"책을 써 볼까?" 고민했던 사람이 있다. 하지만 5년 동안 "준비해야지" 하면서도 한 줄도 안 썼다. 결국, 5년 후에도 그대로였다.

반면, 비슷한 시기에 글을 쓰기 시작한 친구는 이미 두 권의 책을 출판했다.

"완벽한 준비가 아니라, 실행이 결과를 만든다."

3 심리학적 분석
– 사람들은 왜 실행하지 못할까?

1. 실패할까 봐 두려워서

하지만 실행하지 않으면, 실패할 기회조차 없다.

"실패는 실행한 사람만이 경험할 수 있다."

2. 준비가 부족해서

문제는 준비가 아니라, 시작하지 않는 것이다. 준비하면서도 실행할 수 있다.

3. 완벽하게 하고 싶어서

완벽주의는 실행의 적이다. 완벽하지 않더라도 시작하면, 실행하면서 보완할 수 있다.

4. 지금은 타이밍이 아니라고 생각해서

언제가 '완벽한 타이밍'일까? 타이밍은 만드는 것이지, 기다리는 것이 아니다.

"실행하지 않으면, 아무 일도 일어나지 않는다."

4 현실적인 실행 전략
– 실행력을 높이는 5가지 방법

1. 3초 안에 결정하고 행동하라

고민하면 못 한다. "해야겠다"라는 생각이 들면, 3초 안에 작은 행동이라도 해라.

2. 작은 목표부터 실행하라

"운동해야지" → 너무 크다.
"오늘 팔굽혀펴기 5개만 하자" → 실행 가능하다.

3. 실행력을 높이는 '공개 약속'을 활용하라

친구에게 "나 3개월 안에 이거 할 거야."라고 말하라. 약속을 하면, 실행할 확률이 높아진다.

4. 완벽하지 않아도 일단 시작하라

"완벽한 시점은 없다. 지금이 가장 빠른 때다."

5. 실행한 것에 대해 스스로 보상을 주어라

작은 실행이라도, "잘했다"며 인정해라. 실행하면 할수록, 점점 더 실행력이 강해진다.

"작게 시작하고, 점점 키워가라. 결국 실행하는 사람이 이긴다."

5 마음공부
– 실행하지 못하는 나를 위한 질문

나는 어떤 이유로 실행을 미루고 있는가?
지금 당장 할 수 있는 가장 작은 행동은 무엇인가?
실행하지 않으면, 1년 후에도 지금과 똑같은 상태일까?
나는 완벽한 준비보다, 실행하면서 배울 수 있는가?

"실행하지 않으면, 내 인생은 변하지 않는다."

6 자연이 주는 깨달음
– 해는 떠오르고, 달은 차오른다

해는 매일 떠오르고, 달은 매일 차오른다.
해는 완벽하게 뜰 준비가 될 때까지 기다리지 않는다. 달도 완벽한 모습으로 시작하지 않는다. 우리도 마찬가지다. 완벽하지 않아도, 실행하면 된다.

"시작하면, 결국 해낼 수 있다."

7 명상 기도
– 나는 실행하는 사람이 된다

"나는 두려움보다, 실행을 선택한다."
"나는 완벽한 준비보다, 지금의 실행을 믿는다."
"나는 작은 것부터 시작하며, 점점 나아진다."
"나는 실행하며 배우고, 성장한다."
"나는 실행하는 사람이 된다. 나는 행동하며 성공을 만든다."

8 마무리
– 그래서 어쩌라고?

"준비만 하고 있다?"
"완벽한 순간이 올 때까지 기다린다고?"
"그래서 어쩌라고?"

준비만 하면 아무 일도 일어나지 않는다. 완벽하지 않아도 시작하는 사람이 결국 이긴다. 실행하는 사람이 인생을 바꾼다.

"망설일 시간에, 작은 것부터 해보자."
"결국, 실행하는 사람이 이긴다."

우주의 기운을 모아 모아!

"나는 지금, 실행하는 사람이 된다!"
"나는 행동하며, 나의 인생을 만들어 간다!"
"아무것도 하지 않으면, 아무 일도 일어나지 않는다. 실행하는 사람이 인생을 바꾼다."

Chapter 3

나도 이제
나를 좀 챙겨 볼까?

1장
나를 마주하는 용기
↳ '마음 여행의 첫걸음'

"나 자신과 한 번쯤 제대로 대화하기."

1 인생 지도
― 내 마음은 지금 어디쯤 있을까?

오늘부터 우리는 '나를 찾는 여행'을 떠난다.
"지금까지 나는 어디로 가고 있었을까?"
"그리고, 앞으로 나는 어디로 가고 싶은 걸까?"
"나는 어떤 사람일까?"
"진짜 내 모습은 어떤 걸까?"
"내가 원하는 삶은 무엇일까?"
"마음속 인생 지도에서, 나는 지금 어디에 서 있는가?"

2 마음 탐험
― 나를 마주하는 게 왜 어려운 걸까?

바쁜 하루를 보내지만, 내 감정이 어떤지 모를 때가 많다.
조용한 시간을 가지면, 괜히 불안하고 외롭다.
SNS를 보며 타인의 삶을 들여다보지만, 정작 나는 공허하다.

"나는 나와의 대화에서 도망치고 있는가?"

3 나만의 길을 찾는 이야기
– 실제 사례 & 심리학적 분석

사례 1 나는 매일 열심히 사는데, 정작 나를 모르겠어요.

아침에 눈뜨면 출근하고, 퇴근하면 지쳐서 쓰러진다. 주말엔 넷플릭스를 보며 '쉰다'고 하지만, 진짜 쉼이 아니다. 문득 거울을 보면, '나는 대체 누구지?'라는 생각이 든다. 하지만 다시 정신없이 하루가 시작된다.

"이런 삶이 진짜 내가 원하는 삶일까?"

사례 2 혼자 있는 시간이 두려워요.

사람들과 있을 때는 괜찮다. 하지만 혼자 있으면 갑자기 불안하고 외롭다. 핸드폰을 만지작거리며 의미 없이 SNS를 훑는다. 하지만 채워지지 않는 공허함이 느껴진다.

"왜 나는 나와 마주하는 게 두려울까?"

심리학적 분석 – 우리는 왜 자신과 직면하는 걸 두려워할까?

1. 혼자가 되면 감정이 몰려오기 때문이다

우리는 평소에 바쁜 일상 속에서 감정을 억누른다. 하지만 조용한 순간이 오면, 묻어둔 감정들이 몰려온다.

2. 내 모습이 기대와 다를까 봐 두렵다

"나는 더 나은 사람이어야 해."

하지만 실제 나는 부족한 모습도 많다. 그래서 나를 외면하고 싶어진다.

3. 나를 마주하면, 변해야 할 것들이 보이기 때문이다

나 자신과 마주하면, 바꿔야 할 점들이 보인다. 하지만 변화는 쉽지 않다. 그래서 그냥 현실에 안주하게 된다.

"하지만, 나를 마주하지 않으면 변화도 없다."

4 셀프 미션
- 나와 친해지는 연습

1. 매일 5분, 나와 대화하는 시간을 갖자.

하루 5분이라도 핸드폰을 내려두고, 조용한 시간을 가져라.
"나는 오늘 어떤 감정을 느꼈지?"
"나는 지금 행복한가?"

2. 거울을 보고, 나에게 말을 걸어 보자.

눈을 맞추고, "나는 지금 어떤 기분이지?"라고 물어보자. 처음엔 어색해도, 나와 친해지는 과정이다.

3. 짧아도 좋으니 일기를 써라.

오늘 있었던 일을 짧게라도 적어 보자.
"나는 오늘 무엇을 느꼈지?"
나의 감정을 기록하는 순간, 나를 이해할 수 있다.

"나를 마주하는 연습은, 내 삶을 바꾸는 첫 걸음이다."

5 영감의 순간
– 자연과 우주의 메시지

잔잔한 호수는 하늘을 온전히 비춘다. 바람이 불면, 물결이 일어나고, 하늘은 흐릿해진다. 하지만 호수가 고요해지면, 세상은 그 안에 온전히 비친다.

우리의 마음도 마찬가지다. 마음이 고요해질 때, 진짜 나의 모습이 보인다.

"나는 나를 마주할 용기가 있는가?"

하늘에 떠 있는 별들은 단 한 순간도 같은 자리에 머물러 있지 않는다. 보이지 않는 흐름 속에서 각자의 궤도를 따라 움직이고 있을 뿐이다.

별자리는 '운명'이 아니라 '흐름'이다. 우리가 살아가는 인생도 마찬가지다. 지금은 어디로 가야 할지 모르겠어도, 결국 우리는 나만의 길을 찾게 된다.

6 확언 명상
– 나는 나만의 궤도를 따라 흘러간다

"나는 별처럼 빛나는 존재이다."
"나는 나만의 길을 따라 자연스럽게 흘러간다."
"내가 어디에 있든, 나의 자리는 언제나 빛날 것이다."
"나는 스스로를 믿으며, 내 흐름을 따를 것이다."
"우주는 언제나 나와 함께하며, 나를 가장 좋은 방향으로 이끌어 준다."

"나는 내 별자리처럼, 나만의 속도로 빛날 것이다."

7 내면 여행자의 다짐
– 그래서 어쩌라고?

나를 마주하는 게 어색하다고? 거울을 보는 게 낯설다고?

"그래서 어쩌라고?"

처음엔 어색할 수 있다. 하지만 나와 친해지는 과정이 필요하다. 나와의 관계가 좋아지면, 인생도 달라진다.

남들이 나를 어떻게 보느냐보다 중요한 건, 내가 나를 어떻게 보느냐다. 이제, 나를 마주할 용기를 내 보자.

우주의 기운을 모아 모아!

"나는 나 자신과 마주할 준비가 되었다!"

"나는 나를 더 깊이 이해하고, 사랑한다!"

"나를 마주하는 순간, 변화는 시작된다."

2장
마음의 짐을 덜어내는 연습
↳ 가벼워지는 여행

"손에 가득 쥐고 있으면, 새로운 걸 못 잡는다."

1 인생 지도
– 나는 무엇을 쥐고 있는가?

우리는 모두 가방을 하나씩 짊어지고 있다. 누군가는 가벼운 가방을, 누군가는 바퀴 달린 캐리어를, 어떤 이는 너무 무거워서 도저히 들 수조차 없는 가방을 메고 있다.

"당신이 지금 짊어지고 있는 감정의 짐은 무엇인가요?"
"그 짐이 정말 당신에게 꼭 필요한 것인가요?"
"그 짐을 내려놓으면, 더 멀리 갈 수 있지 않을까요?"
"여행을 떠날 때, 너무 많은 짐은 방해가 될 뿐이다."

미련, 후회, 상처, 죄책감, 불안, 집착.
"나는 이 짐을 계속 짊어지고 갈 것인가, 아니면 내려놓을 것인가?"

2 마음 탐험
– 짐이 많으면, 길을 잃는다

왜 나는 이걸 놓지 못할까? 이걸 내려놓으면, 나라는 사람이 사라질까?

하지만 계속 짊어지고 가는 게 더 힘들지 않을까?

우리는 마음속에 너무 많은 것들을 쌓아 두고 있다. 그리고 그 무게를 버티면서, 그게 당연하다고 믿는다.

"짐을 내려놓지 않으면, 더 나아갈 수 없다."

3 나만의 길을 찾는 이야기
– 실제 사례 & 심리학적 분석

사례 1 **과거를 잊을 수 없어요.**

"나에게 상처를 준 사람을 용서할 수 없어요."
"과거의 실수를 자꾸 곱씹게 돼요."
"그때 더 잘했으면, 지금 나는 다를까?"

과거는 사라진 것이 아니라, 내 안에서 '의미'로 바뀌는 것이다. 상처는 사라지지 않지만, 우리가 그것을 바라보는 시선은 바꿀 수 있다. 과거를 계속 곱씹는다고 해서 바꿀 수 있는 것은 없다. 바뀔 수 있는 것은 오직 '지금'의 선택뿐이다.

사례 2 **나는 불안해서 아무것도 못 버려요.**

"미래가 어떻게 될지 몰라서, 모든 걸 다 쥐고 있어요."
"나쁜 관계도, 힘든 일도 그냥 참고 견디고 있어요."
"혹시라도 버리면, 더 나쁜 일이 생길까 봐요."

불안은 나를 보호하는 것처럼 보이지만, 결국 나를 가두는 감옥이 된다. 불안은 최악을 가정하게 만들고, 우리는 그 최악에 대비하느라 에너지를 소모한다. 하지만 대부분의 최악은 실제로 일어나지 않는다. 불안을 내려놓는 순간, 우리는 더 많은 가능성을 보게 된다.

🔍 심리학적 분석 – 우리는 왜 짐을 내려놓지 못할까?

1. 익숙함의 함정

나쁜 기억도, 안 좋은 습관도 익숙하면 편안하다. 변화는 두렵고, 낯선 것은 피하고 싶어진다.

2. '만약에'라는 착각

"만약에 내가 그때 다른 선택을 했다면?"

하지만 과거는 바꿀 수 없다. '만약에'를 계속 생각하면, 현실을 살지 못하게 된다.

3. 무거운 짐이 곧 '나'라고 착각한다

우리는 때때로 상처와 아픔을 '나'라고 착각한다. 하지만 우리는 상처가 아니라, 상처를 지나온 사람이다.

"짐을 내려놓아야, 새로운 것을 가질 수 있다."

4 셀프 미션
– 나를 가볍게 만드는 연습

1. 감정을 정리하는 쓰기 연습

- 나를 힘들게 했던 일 3가지를 적어 본다.
- 이제 더 이상 나를 힘들게 하고 싶지 않다고 선언한다.
- 그리고 그 종이를 찢어 버린다.

2. 정리의 기술 – 버릴 수 있어야 채울 수 있다

내 방, 내 책상, 내 핸드폰의 불필요한 것부터 정리해 보자. 버리고 나면, 그 자리에 새로운 것들이 들어올 것이다.

3. 나에게 하는 말 바꾸기

"이건 내가 못 버리는 게 아니야, 내가 선택하지 않은 거야."

"나는 나를 힘들게 만드는 것을 내려놓을 수 있다."

"나는 더 가벼워질 것이다."

"나를 힘들게 하는 것에서, 이제는 자유로워질 차례다."

5 영감의 순간
– 자연과 우주의 메시지

나무는 가을이 되면, 잎을 떨어뜨린다. 모든 나뭇잎이 소중하지만, 오래 붙잡고 있으면 가지가 썩는다.

나무는 겨울이 오기 전에 불필요한 것을 내려놓는다. 그래야 봄이 오면 다시 새로운 잎을 틔울 수 있기 때문이다. 우리도 그렇게, 불필요한 것을 놓아야 한다.

"가장 아름다운 변화는, 내려놓음에서 시작된다."

6 확언 명상
– 나는 나를 가볍게 한다

"나는 나를 무겁게 짓누르는 것들을 내려놓는다."

"나는 과거가 아니라, 현재를 살아간다."

"나는 불안이 아니라, 가능성을 선택한다."

"나는 더 이상 짐을 짊어지지 않는다."
"나는 나의 삶을 가볍고, 자유롭게 만든다."
"내 마음이 가벼워질수록, 인생은 더 멀리 나아간다."

7 내면 여행자의 다짐
– 그래서 어쩌라고?

과거가 잊히지 않는다고? 짐을 내려놓기가 어렵다고?
"그래서 어쩌라고?"
과거를 계속 끌어안고 있으면, 결국 가장 힘든 건 나 자신이다. 나를 짓누르는 무게를 벗어내야, 더 자유로워질 수 있다.
이제, 나를 가볍게 할 시간이다. 나를 짓누르던 감정과 관계를 정리할 용기를 내 보자.
우주의 기운을 모아 모아!
"나는 불필요한 짐을 내려놓고, 가벼워진다!"
"나는 새로운 기회를 맞이할 준비가 되었다!"
"짐을 내려놓는 순간, 새로운 길이 열린다."

3장
비교의 늪에서 벗어나는 법
↳ 나만의 속도로 걷는 여행

"걔는 잘 사는데, 나는 왜 이 모양이냐고?"

1 인생 지도
– 나는 왜 자꾸 남과 비교할까?

"내 친구는 벌써 결혼했는데, 나는 아직 연애도 못 하고 있어."
"SNS를 보면 다들 행복해 보이는데, 왜 나만 힘든 거지?"
"같은 나이에 저 사람은 성공했는데, 나는 왜 이렇게 초라하지?"

비교는 언제부터 내 삶의 기준이 되었을까? 왜 나는 항상 누군가와 나를 견주면서 불안해할까?
비교의 늪은 빠져나오기 어렵지만, 빠져나오면 인생이 바뀐다.

"나는 나만의 길을 가고 있는가, 아니면 남이 가는 길을 따라가고 있는가?"

2 마음 탐험
– 비교는 끝이 없다

"비교를 통해 나아지는 경우도 있지 않나요?"
"경쟁이 있어야 성장하는 거 아닌가요?"

"다른 사람을 보면서 자극받는 것도 좋잖아요?"

비교는 때때로 동기부여가 될 수 있다. 하지만 비교가 나를 불행하게 만든다면, 그건 잘못된 비교다. 비교가 동기가 되는지, 독이 되는지 구별해야 한다.

3 나만의 길을 찾는 이야기
- 실제 사례 & 심리학적 분석

사례 1 저는 항상 남과 비교하며 살았어요.

"부모님이 늘 저를 다른 사람과 비교했어요. 학교 다닐 때부터 성적, 외모, 성격까지 다 비교당했어요. 그래서 나도 모르게 비교하는 게 습관이 됐어요."

비교는 내 삶을 통제하는 것이 아니라, 내 에너지를 빼앗는다. 비교가 습관이 되면, 내 가치는 온전히 '남의 기준'에 의해 결정된다.

'나는 나'를 잃어버리고, 남의 성공을 좇다가 지치고 만다. 결국, 비교의 끝에는 만족이 아니라 '공허함'만 남는다.

사례 2 SNS 때문에 더 심해졌어요.

"친구들이 여행을 가면 부러워요."
"누군가는 승진하고, 누군가는 사업에 성공하고, 나는 그대로예요."
"나만 뒤처지는 것 같아서 불안해요."

SNS는 현실이 아니라, 연출된 장면일 뿐이다. 우리가 보는 것은 '완벽한 순간'이지, '완전한 삶'이 아니다. 비교의 기준이 SNS라면, 나는 결코 행복할 수 없다.

🔍 심리학적 분석 – 우리는 왜 비교하는가?

1. 생존 본능이 만든 '비교 본능'

인간은 본능적으로 자신이 무리 속에서 어디에 위치하는지 알고 싶어 한다. 원시 시대에는 '누가 더 강한가?'를 비교해야 생존할 수 있었다. 하지만 현대에서는 이 본능이 불필요한 스트레스를 만든다.

2. '행복의 착각'

"내가 부족해서 불행한 거야."

하지만 비교의 끝에 '완전한 행복'은 존재하지 않는다. 나보다 나은 사람이 항상 있을 것이기 때문이다.

3. '남들이 정한 기준'을 내 기준으로 착각

사회가 정한 성공의 기준이 정말 내게 맞는 것일까? 남들이 말하는 '행복'이 정말 내게도 행복일까? 비교는 결국, 남이 만든 기준에 나를 끼워 맞추는 것이다.

비교는 남의 기준에 나를 맞추는 것이지만, 나의 행복은 오직 나만이 정의할 수 있다.

4 셀프 미션
– 비교에서 자유로워지는 연습

1. 비교의 기준을 바꿔 보기
- 어제의 나와 비교한다.
- 내가 좋아하는 삶을 기준으로 삼는다.
- 성공의 기준을 돈, 외모, 스펙이 아니라, 만족감과 행복으로 바꾼다.

2. '비교 다이어트' 실천하기
- SNS에서 나를 불행하게 만드는 계정을 정리한다.
- 비교가 심해지는 순간, 휴식을 취한다.
- 타인의 성공보다, 내 성장에 집중한다.

3. 내 삶의 기준을 다시 설정하기

"내가 진짜 원하는 삶은 무엇인가?"
"내가 행복을 느끼는 순간은 언제인가?"
"나는 어떤 사람이 되고 싶은가?"
"나는 비교가 아니라, 성장에 집중할 것이다."

5 영감의 순간
– 자연과 우주의 메시지

꽃은 옆의 꽃과 비교하지 않는다. 장미는 벚꽃을 부러워하지 않는다. 해바라기는 백합이 더 예쁘다고 질투하지 않는다. 꽃은 각자의 속도로 피어나고, 각자의 자리에서 빛난다.

"우리는 각자의 시간에, 각자의 방식으로 피어난다."

6 확언 명상
– 나는 나의 길을 간다

"나는 나의 속도로 살아간다."
"나는 비교에서 자유로워진다."
"나는 내 삶을 스스로 선택한다."

"나는 나만의 색깔로 피어날 것이다."

"나는 비교가 아니라, 성장에 집중한다."

7 내면 여행자의 다짐
– 그래서 어쩌라고?

저 사람은 나보다 더 잘나가잖아! 난 왜 이 모양일까?

"그래서 어쩌라고?"

남이 성공했다고 해서, 내 인생이 망한 건 아니다. 남이 행복해 보인다고 해서, 내가 불행한 것도 아니다.

"나는 내 속도로 간다."

"나는 내 방식으로 살아간다."

우주의 기운을 모아 모아!

"나는 비교에서 벗어나, 나만의 길을 간다!"

"나는 나를 온전히 사랑한다!"

"비교가 아니라, 나만의 길을 걸을 시간이다."

4장
상처를 품고 살아가는 법
↳ 흉터가 나를 더 단단하게 만든다

"흉터도 내 인생의 일부니까."

1 인생 지도
– 상처는 왜 이렇게 오래 남을까?

"어릴 때 부모님께 들었던 말 한마디가 아직도 생생하다. 이제는 다 잊었다고 생각했는데, 문득 떠오를 때마다 가슴이 저린다. 나를 힘들게 했던 사람들은 잘 사는데, 왜 나만 이 상처를 안고 살아야 할까? 과거의 상처가 없었더라면, 나는 더 행복했을까?"

우리 삶에는 몇 가지 큰 상처가 있다. 누군가의 말 한마디, 신뢰했던 사람에게 받은 배신, 어릴 적 부모에게 들었던 따뜻하지 않은 말, 사랑했던 사람과의 이별, 실패와 좌절의 순간들.

시간이 지나면 괜찮아질 거라고들 하지만, 왜 어떤 상처는 여전히 내 안에서 날카롭게 남아 있을까?

"상처는 사라지는 것이 아니라, 나와 함께 살아가는 것이다."

우리는 상처를 '없애야 하는 것'이라고 배웠다. 하지만 상처는 지워지는 것이 아니라, 이해하는 것이다. 때로는 상처를 인정하고 받아들일 때, 진짜 자유로워질 수 있다.

> *"흉터는 내가 살아남았다는 증거다.*
> *과거의 상처는 내 발목을 잡는 것이 아니라, 내 길을 만들어 가는 힘이 된다."*

2 마음 탐험
– 상처를 직면하는 용기

"상처를 잊으려 노력하는데, 왜 더 생각나는 걸까요?"
"시간이 지나도 아픈 기억은 왜 남아 있을까요?"
"상처를 없애야 행복할 수 있는 걸까요?"
상처를 억지로 지우려고 하면, 오히려 더 깊이 남는다.
상처를 부정하면 할수록, 상처는 더 강한 힘으로 나를 조종한다.
상처를 인정하고 마주할 때, 비로소 자유로워질 수 있다.

> *"상처를 없애려고 하는 것이 아니라, 상처와 함께 살아가는 법을 배워야 한다."*

3 나만의 길을 찾는 이야기
– 실제 사례 & 심리학적 분석

사례 1 **나는 아직도 그때의 상처를 잊지 못해요.**

"나는 어릴 때 부모님께 인정받고 싶었어요. 그런데 늘 부족하다는 말만 들었어요. 어른이 된 지금도, 나는 늘 누군가의 인정을 받지 못하면 불안해요. 그때의 상처가 지금도 내 삶을 지배하는 것 같아요."

과거의 상처가 현재의 나를 결정짓게 내버려 두지 말라. 부모가 내게 상처를 준 것은 사실이다. 하지만 이제 나는 더 이상 그 어린아이가 아니다. 나는 내 삶을 스스로 선택할 수 있는 사람이다.

> **사례 2** 나는 내 상처를 숨기며 살아요.

"사람들이 나를 불쌍하게 볼까 봐, 아무렇지 않은 척해요. 누군가에게 기대고 싶어도, 약해 보일까 봐 참아요. 하지만 혼자 있을 때는, 그 상처가 나를 덮쳐서 숨 쉬기 힘들어요."

상처를 숨긴다고 해서 사라지는 것이 아니다. 오히려 더 깊어진다. 상처를 인정하는 것은 약한 것이 아니다. 상처를 마주하고, 그 상처와 함께 살아갈 때 비로소 우리는 더 단단해질 수 있다.

심리학적 분석 – 우리는 왜 상처를 오래 간직하는가?

1. '생존 본능'이 만든 '기억의 덫'

뇌는 우리를 보호하기 위해 고통스러운 기억을 깊이 새긴다. 상처를 기억함으로써, 다시는 같은 아픔을 겪지 않으려는 것이다. 하지만 이 과정이 반복되면, 상처는 삶을 살아가는 '방해물'이 된다.

2. '반복되는 감정의 패턴'

우리가 비슷한 사람을 만나고, 비슷한 상처를 반복해서 겪는 이유는 과거의 상처가 '감정의 패턴'을 만들어 놓았기 때문이다. 패턴을 깨지 않으면, 우리는 계속 같은 아픔을 반복한다.

3. '완벽한 치유'는 없다

우리는 상처가 완벽히 사라지는 순간이 올 것이라고 믿는다. 하지만 상처는 완전히 사라지는 것이 아니라, 우리가 상처를 대하는 태도가 바뀌면서 더 이상 영향을 미치지 않게 되는 것이다.

> "상처는 우리를 약하게 만드는 것이 아니라, 성장할 수 있도록 돕는 것이다."

4 셀프 미션
– 상처와 공존하는 연습

1. 상처를 부정하지 않기

"나는 이 상처를 인정한다."
"이 상처는 내 일부지만, 내 전부는 아니다."
"나는 이 상처를 끌어안고 더 단단해질 것이다."

2. '감정 패턴'을 바꾸기

- 과거의 상처가 반복되지 않도록, 감정의 패턴을 점검해 보기
- 같은 실수를 반복하지 않도록, 내 감정을 기록하며 이해하기

3. 나만의 치유 의식 만들기

- 힘들 때 스스로를 위로하는 루틴 만들기
- 상처를 떠올릴 때마다, 나 자신에게 다정한 말 한마디 건네기

"나는 상처와 함께 살아가면서, 나를 더 단단하게 만들어갈 것이다."

5 영감의 순간
– 자연과 우주의 메시지

나무는 상처를 품고도 더 단단해진다. 나무의 몸통에는 상처가 남지만, 그 부분이 더 단단하게 변한다. 강한 바람이 지나간 후, 나무는 더 깊이 뿌리를 내린다.

나도 마찬가지다. 나는 상처를 가졌지만, 그 상처로 인해 더 강해질 것이다. 흉터는 부끄러운 것이 아니라, 살아남았다는 증거다.

6 확언 명상
– 상처를 품고 나아가는 기도

"나는 과거의 상처를 인정한다."
"나는 상처를 부정하지 않으며, 이 상처와 함께 성장할 것이다."
"상처는 내 약점이 아니라, 나를 더 단단하게 만드는 힘이다."
"나는 더 이상 과거에 머무르지 않는다. 나는 앞으로 나아간다."
"나는 나를 더 강하게 만들어 가는 중이다."

7 내면 여행자의 다짐
– 그래서 어쩌라고?

"나는 상처를 가졌다."
"그래서 어쩌라고?"
나는 상처를 인정하고, 나를 더 강하게 만들어 갈 것이다. 나는 더 이상 상처에 끌려다니지 않을 것이다. 나는 내 삶의 주인이며, 나의 선택으로 나아갈 것이다.
우주의 기운을 모아 모아!
"나는 상처를 품고, 나만의 길을 걸어간다!"
"나는 더 이상 상처에 갇히지 않는다. 나는 자유롭다!"

5장
지금 이 순간을 온전히 살아가는 법

"과거는 갔고, 미래는 아직 오지 않았다. 중요한 건 지금이다."

1 인생 지도
– 나는 지금 어디에 있는가?

"머릿속은 온통 과거의 후회와 미래의 걱정뿐이다."
"지금 이 순간에도 스마트폰을 보고 있고, 하루가 어떻게 지나가는지 모르겠다."
"해야 할 일은 많지만, 정작 지금 내 삶을 즐기고 있는 걸까?"
"현재를 살고 싶지만, 늘 시간에 쫓기며 하루를 보낸다."

우리는 늘 지나간 것에 연연하고, 오지도 않은 것에 불안해한다.

과거의 실수를 후회하면서, 미래의 불확실성에 불안해하면서, 정작 '지금' 이 순간을 놓치고 있지는 않은가?

현재를 제대로 살아야, 진짜 삶이 시작된다. 당신은 지금을 살고 있는가?

2 마음 탐험
– 왜 우리는 현재를 놓치고 있을까?

왜 나는 과거를 자꾸 떠올릴까? 왜 나는 미래 걱정을 멈출 수 없을까? 지금 이 순간을 즐기면서도 불안한 이유는 뭘까?

🔍 심리학적 분석 – '현재'를 살기 어려운 이유

과거 집착형: 실수와 후회를 떠올리며, 그때로 돌아가고 싶어 한다.

미래 불안형: 아직 오지도 않은 일을 미리 걱정하며, 최악의 상황을 상상한다.

비교 피로형: 현재를 즐기기보다, 남들과 비교하며 자신의 위치를 불안해한다.

'더 나은 미래' 강박형: 지금의 행복보다, 미래의 성공이 더 중요하다고 믿는다.

"우리는 늘 어딘가로 가야 한다고 착각한다.
하지만 가장 중요한 것은 '지금' 여기에 머무르는 것이다."

3 나만의 길을 찾는 이야기
– 실제 사례 & 실행 전략

사례 1 과거에 집착하며 후회하는 사람들

"예전에 더 좋은 기회를 놓쳤어. 그때 다른 선택을 했더라면 어땠을까?"

"과거에 했던 실수가 자꾸 떠올라. 그 일이 없었더라면, 지금 나는 더 행복할 텐데."

"돌아갈 수만 있다면, 그때로 가서 다르게 행동하고 싶어."

"과거는 절대 바꿀 수 없다. 하지만 지금 이 순간의 선택은 바꿀 수 있다."

사례 2 미래 걱정에 사로잡혀 있는 사람들

"이 일이 실패하면 어떻게 하지?"

"앞으로 어떻게 살아야 할까? 지금 이게 맞는 길일까?"

"미래가 너무 불안해서, 지금 뭘 해야 할지 모르겠어."

"미래는 아직 오지 않았다. 하지만 '지금'을 잘 살아가면, 원하는 미래가 만들어진다."

4 셀프 미션
– 현재를 사는 연습

1. 과거가 떠오를 때, 현재로 돌아오는 연습
- 후회가 밀려올 때, 지금 내 눈앞의 현실에 집중하기.
- "지금 나는 무엇을 하고 있는가?"라고 스스로에게 질문하기.

2. 미래 걱정을 멈추는 연습
- 미래에 대한 불안이 들 때, "지금 내가 할 수 있는 가장 좋은 선택은 무엇인가?"를 생각해 보기.
- 너무 먼 미래를 고민하기보다, '오늘 하루'를 충실하게 살아가기.

3. 스마트폰을 잠시 내려놓고, 진짜 세상을 바라보는 연습
- 하루 30분 동안 '디지털 디톡스' 하기.
- 산책을 하거나, 눈을 감고 깊게 숨을 쉬면서 지금 이 순간을 느껴 보기.

"과거도 미래도 아닌, 바로 지금을 살아가자."

5 영감의 순간
– 자연과 우주의 메시지

강물은 흐르고, 바람은 머무르지 않는다. 강물은 절대 과거로 되돌아가지 않는다. 바람은 과거를 붙잡지 않고, 늘 지금을 살아간다.
지금을 온전히 살아가는 것이 자연의 법칙이다.

"나는 더 이상 어제에 머물지 않는다. 나는 지금을 살아간다."

6 확언 명상
– 현재를 살아가는 기도

"나는 과거의 후회를 놓아준다."
"나는 아직 오지 않은 미래를 걱정하지 않는다."
"나는 지금 이 순간을 온전히 살아간다."
"나는 내 삶을 지금, 여기에서 빛나게 만들 것이다."
"지금, 여기에서 살아가는 것이 가장 위대한 삶이다."

7 내면 여행자의 다짐
– 그래서 어쩌라고?

"나는 과거를 붙잡고 있었다."
"나는 미래를 두려워하고 있었다."
"그래서 어쩌라고?"
이제 나는 '지금'을 살 것이다. 나는 과거에 연연하지 않고, 미래를 두려워하지 않는다. 나는 '지금'을 온전히 살아갈 것이다.
　우주의 기운을 모아 모아!
"나는 지금 이 순간을 온전히 살아간다!"
"나는 오늘을 충실히 살면서, 내 인생을 만들어 간다!"

6장
남들의 평가에서 자유로워지는 법

"세상의 시선은 바람과 같다. 흔들릴 수는 있어도
결국 나의 길을 가야 한다."

1 인생 지도
– 나는 남의 평가에서 얼마나 자유로운가?

"혹시… 내 인생을 내가 아닌 다른 사람이 대신 설계하고 있는 건 아닐까?"

이런 경험, 한 번쯤 해봤다면?
- SNS에 사진을 올리면서, "이거 괜찮아 보일까?" 고민한 적 있다.
- 모임에서 '괜히 튀는 말'을 하면 어색할까 봐, 조용히 있던 적 있다.
- 하고 싶은 일이 있었지만, "남들이 뭐라고 할까?" 생각하다가 포기했다.
- 부모님이 원하는 길과 내가 원하는 길이 달랐지만, 결국 부모님 뜻을 따랐다.
- 회사에서 나만 다르게 생각하는 것 같아, 의견을 말하지 않았다.
- '내가 이걸 하면 사람들이 나를 비웃겠지?'라는 생각에 하고 싶은 걸 미뤘다.

당신은 지금, 어떤 인생을 살고 있는가? '내가 선택한' 삶을 살고 있는가? 아니면, '남들의 기대에 맞춘' 삶을 살고 있는가?

우리는 늘 '남들이 나를 어떻게 볼까?'를 신경 쓰면서, 정작 내 인생을 살아가는 법을 잊어버린다.

공감 100% 현실 스토리: 남들이 뭐라 할까 봐, 하고 싶은 걸 포기했던 순간들

"하고 싶은 일이 있었는데, 결국 포기했어요."

"어릴 때부터 그림을 그리고 싶었어요. 하지만 부모님은 '그거 해서는 돈 못 번다'라고 하셨죠. 결국 평범한 직장에 들어갔어요. 근데, 이게 정말 내가 원하던 삶이 맞을까요?"

"SNS 속 다른 사람들처럼 살아야 할 것 같아요."

"친구들이 다들 좋은 직장 다니고, 멋진 여행을 다니는 걸 보면… 나도 그래야 할 것 같은 기분이 들어요. 근데 막상 따라가려고 하면, 나한테 맞는 길이 아니라는 생각이 들어요."

"내가 좋아하는 걸 하면 남들이 이상하게 볼까 봐요."

"어떤 사람들은 내 취미를 유치하다고 하고, 어떤 사람들은 '그걸 해서 뭐해?'라고 해요. 그래서 점점 나도 내 취미를 즐기기가 어려워졌어요."

남의 시선을 신경 쓰면서 놓쳐 버린 것들

- 내가 진짜 원하는 직업
- 내가 진짜 원하는 삶의 방식
- 하고 싶었던 취미, 즐기고 싶었던 순간들
- 자유롭게 표현하는 것, 있는 그대로의 나
- 남들과 비교하지 않고도 충분히 만족할 수 있는 삶

지금까지 '남들이 뭐라고 할까?'를 신경 쓰느라, 나만의 삶을 얼마나 놓쳐 버렸는가? 우리는 '타인의 기대'를 채우는 데 익숙해진 나머지, 정작

'내 기대'를 채우는 법을 잊어버렸다.

나는 과연 내 인생을 살고 있는가? 남들의 기대를 따르는 것이 아니라, 내가 원하는 삶을 살고 있는가?

이제, 남들의 평가에서 벗어나 내 삶을 찾는 여행을 시작해 보자.

2 마음 탐험
– 왜 우리는 남들의 평가를 두려워할까?

"사람들은 나를 어떻게 평가할까?"
"나는 왜 남들의 기대에 맞추려 하는 걸까?"
"왜 나는 '나답게' 사는 게 어려운 걸까?"

심리학적 분석 – 우리는 왜 남의 시선을 두려워할까?

사회적 인정 욕구: 우리는 본능적으로 타인에게 인정받고 싶어 한다.
비교 문화: 우리는 타인의 삶과 끊임없이 비교하며 불안해한다.
비판에 대한 두려움: 우리는 부정적인 평가를 두려워하며, 실수하지 않으려 한다.
착한 사람 콤플렉스: 거절을 못 하고, 남들에게 좋은 모습만 보이려 한다.

"남들의 기대에 맞춰 사느라, 내 삶을 놓치고 있지는 않은가?"

3 나만의 길을 찾는 이야기
– 실제 사례 & 실행 전략

사례 1 완벽하게 해야 한다는 압박감

"나는 늘 완벽해야 한다고 생각해."
"사람들이 나를 실망하면 어쩌지?"

"그래서 시작도 못 하고, 항상 고민만 하게 돼."

완벽해야 한다는 생각이 결국 나를 가로막는다. 시작하는 것이 중요하다.

사례 2 남들의 시선이 두려워 하고 싶은 일을 못 하는 사람들

"사람들이 내 꿈을 비웃으면 어떡하지? 나는 내가 원하는 걸 하고 싶지만, 남들이 뭐라고 할까 봐 망설여. 결국 나는 남들의 기대에 맞춰 살고 있어."

남들의 생각이 내 인생을 대신 살아 주지 않는다. 결국 선택은 내가 하는 것이다.

4 셀프 미션
– 남의 시선에서 벗어나는 연습

1. 완벽하지 않아도 괜찮다는 연습

"나는 실수할 수 있다. 그리고 괜찮다."

"잘하려고만 하지 말고, 그냥 시작해 보자."

2. 남들이 뭐라 하든, 내 선택을 지키는 연습

"남들은 내 인생을 대신 살아 주지 않는다."

"나는 내가 원하는 것을 선택할 자유가 있다."

3. 나에게 중요한 것이 무엇인지 다시 생각하는 연습

"내가 정말 원하는 것은 무엇인가?"

"남들이 원하는 것이 아니라, 내가 원하는 것은?"

"남들의 시선에서 벗어나, 내 삶을 살아가자."

5 영감의 순간
- 자연과 우주의 메시지

해는 빛나되, 그 빛을 감추지 않는다.
태양은 다른 별과 비교하지 않는다.
바람은 남들의 기대에 맞춰 방향을 바꾸지 않는다.
나무는 남들이 뭐라 하든, 묵묵히 자란다.

"자연은 자신을 의심하지 않는다. 나 또한, 나 자신을 믿어야 한다."

6 확언 명상
- 나는 나의 길을 간다

"나는 남들의 시선에서 자유롭다."
"나는 내가 원하는 삶을 선택할 권리가 있다."
"나는 더 이상 비교하지 않고, 나만의 길을 걷는다."
"나는 내 삶의 주인이 된다."
"내가 선택한 길이 곧 정답이다."

7 내면 여행자의 다짐
- 그래서 어쩌라고?

"나는 남들이 나를 어떻게 볼지 신경 썼다."
"나는 남들에게 잘 보이려고 나를 꾸몄다."
"나는 남들이 원하는 삶을 살려고 했다."
"그래서 어쩌라고?"

이제 나는 남의 평가에서 자유로워질 것이다. 나는 더 이상 비교하지 않고, 나만의 길을 갈 것이다. 나는 남들이 뭐라고 하든, 내 선택을 지킬 것이다.

우주의 기운을 모아 모아!

"나는 남들의 시선에서 벗어나, 나답게 살아간다!"

"나는 나의 인생을 살아갈 자유가 있다!"

7장
스스로를 사랑하는 연습

"나는 나에게 어떤 친구인가?"

1 인생 지도
— 지금, 나는 어디쯤 와 있는 걸까?

"길을 잃었다고 느끼는가? 아니면 아직 출발조차 하지 못한 걸까?"

지금 당신은 어디로 가고 있는가? 이 길이 맞는 길인지 확신이 있는가? 원하는 목적지가 있기는 한가? 아니면 그냥 떠밀려 가고 있는가? 지금 삶에 만족하는가, 아니면 무언가를 놓치고 있다고 느끼는가?

당신의 인생 지도는 어떤 모습인가?

"우리 인생은 하나의 여행이다.
하지만 지도를 보지 않고 가면 어디로 가는지 알 수 없다."

인생의 갈림길 — 우리는 매 순간 선택을 하고 있다

'좋은 직장, 안정적인 삶'이 목표였지만, 막상 이뤄 보니 공허하다. 하고 싶은 일이 있는데, 현실적인 문제 때문에 포기해야 할 것 같다. '이 정도면 됐지'라고 현실에 안주하고 있지만, 만족스럽지는 않다.

나는 남들이 정해 놓은 길을 걷고 있는 것 같다. 내 길을 가야 한다는 걸 알면서도, 용기가 나지 않는다.

"어디로 가야 할지 모르면, 출발할 수도 없다."

내 인생의 좌표 – 나는 지금 어디쯤 와 있는 걸까?

> ☑ **자기 점검 체크리스트**
> - 지금 하고 있는 일이 나를 행복하게 하는가?
> - 내가 선택한 길인가, 아니면 떠밀려 온 길인가?
> - 이 길을 계속 가면, 내가 원하는 삶에 도달할 수 있는가?
> - 남들이 가는 길을 따라가면서도, 내 길이라고 착각하고 있지는 않은가?
> - 내가 원하는 삶을 살고 있는가, 아니면 그냥 살아지고 있는가?

방향을 바꿔야 할 때 – 신호를 놓치지 마라

- 이 일을 계속할 자신이 없다.
- 매일이 버티는 느낌이다.
- 언제부터인가 목표를 세우는 게 의미 없어졌다.
- 내가 어디로 가는지 알 수 없다. 매일 똑같은 하루를 사는데, 남들보다 뒤처지는 느낌이 든다.

길을 바꿔야 할 때, 신호는 늘 오고 있다. 문제는 내가 그 신호를 보고 있는가이다.

남들이 정해 놓은 길이 아니라, 내 길을 찾는 법

1. 나는 어디로 가고 싶은가?

내가 진짜 원하는 것은 무엇인가? 사회가 원하는 길이 아니라, 내가 원하는 길을 선택할 용기가 있는가?

2. 나는 어떤 삶을 살고 싶은가?

돈, 안정, 자유, 성장… 나에게 가장 중요한 가치는 무엇인가? 내가 진짜 원하는 삶을 살려면, 지금 무엇을 바꿔야 할까?

3. 남들이 정해 준 길이 아니라, 내가 정한 길을 걸을 용기가 있는가? 나는 지금까지 몇 번이나 남의 기대 때문에 내 꿈을 포기했는가? 이제는 내가 원하는 삶을 선택할 수 있는가?

"내 인생 지도는, 내가 직접 그리고 있다."

2 마음 탐험
– 왜 우리는 스스로를 사랑하는 게 어려울까?

"나보다 더 멋진 사람들만 보인다."
"나는 늘 부족하다고 느껴진다."
"내가 나를 사랑해도 되는 걸까?"
"내가 나를 좋아하지 않는데, 누가 나를 좋아해 줄까?"

심리학적 분석 – 우리는 왜 나 자신을 사랑하기 어려울까?

비교의 덫: 남들과 비교하며 스스로 부족하다고 느낀다.
완벽주의의 함정: 완벽해야만 사랑받을 자격이 있다고 생각한다.
과거의 상처: 어린 시절 '나는 별로야'라는 믿음을 갖게 된 경험들이 있다.
자기 비판 습관: 실수를 하면 나를 다그치는 것이 습관이 되어 있다.

"나도 사랑받을 자격이 있는 사람이다."

3 나만의 길을 찾는 이야기
– 실제 사례 & 실행 전략

사례 1 나는 왜 나를 미워할까?

"나는 거울을 볼 때마다 나 자신이 싫었어요. 남들은 예쁘다고 하는데, 나는 전혀 그렇게 느껴지지 않았어요. 늘 더 나아져야 한다는 압박감을 스스로에게 주었죠. 그러다 보니, 점점 나를 미워하게 됐어요."

"나를 있는 그대로 사랑하는 것이 가장 중요한 첫걸음이다."

사례 2 내 감정을 존중하는 연습

"항상 남의 기분을 맞춰 주고, 내 감정보다는 타인을 우선시했어요. 그런데 나를 무시하는 건 결국 나 자신이었어요. 이제는 내 감정을 우선으로 존중하기로 했어요."

"내 감정을 소중히 여기는 것이 곧 나를 사랑하는 법이다."

4 셀프 미션
– 나를 사랑하는 방법 연습

1. 거울 속 나에게 따뜻한 말을 건네는 연습
   - 나는 충분히 괜찮은 사람이다.
   - 나는 있는 그대로도 아름답다.
   - 나는 나 자신을 더 사랑할 것이다.

2. 나를 위한 시간을 보내는 연습
- 남들에게만 친절하지 말고, 나에게도 친절하자.
- 내가 좋아하는 걸 하면서 시간을 보내자.

3. 완벽하지 않아도 괜찮다는 연습
- 나는 부족해도 괜찮다.
- 나는 완벽하지 않아도 사랑받을 가치가 있다.
- 나는 있는 그대로의 나를 사랑할 것이다.

5 영감의 순간
– 자연과 우주의 메시지

달은 스스로 빛나지 않지만, 가장 아름다운 빛을 반사한다. 달은 태양처럼 강렬하게 빛나지는 않지만, 밤을 비추는 존재다. 우리도 완벽할 필요 없이, 지금 있는 그대로 빛날 수 있다. 모든 존재는 저마다의 방식으로 충분히 아름답다.

"나는 지금 그대로도 충분히 가치 있는 존재다."

6 확언 명상
– 나는 나를 사랑할 것이다

"나는 있는 그대로도 충분한 사람이다."
"나는 나 자신을 존중하고 사랑할 것이다."
"나는 더 이상 비교하지 않고, 나만의 길을 걸을 것이다."
"나는 나에게 더 따뜻해질 것이다."

"내가 나를 사랑할 때, 진짜 변화가 시작된다."

7 내면 여행자의 다짐
– 그래서 어쩌라고?

"나는 나를 자주 비난했다. 나는 나보다 남을 더 중요하게 생각했다. 나는 나를 사랑하는 방법을 몰랐다."

"그래서 어쩌라고?"

이제 나는 나를 더 사랑할 것이다. 나는 나에게 더 친절해질 것이다. 나는 남이 아니라, 나 스스로를 더 중요하게 생각할 것이다.

우주의 기운을 모아 모아!

"나는 더 이상 나를 비난하지 않는다. 나는 나를 사랑한다!"

"나는 나를 있는 그대로 소중하게 여긴다!"

8장
나만의 루틴 만들기

"계획만 세우다 끝내지 말고, 진짜 행동하기."

1 인생 지도
– 당신의 하루는 어디로 흘러가고 있는가?

우리는 모두 하루 24시간을 똑같이 받는다. 그런데 왜 어떤 사람은 원하는 걸 이루고, 어떤 사람은 같은 자리를 맴돌까?
아침에 눈을 떴을 때, 오늘이 기대되는가?
하루가 끝났을 때, 후회보다는 뿌듯함이 남는가?
내 시간은 내가 원하는 방향으로 흐르고 있는가?
아니면, 그냥 흘러가는 대로 살아지고 있는가?
당신이 매일 반복하는 것이 당신의 인생을 결정한다. 내가 원하는 인생을 살고 있는가, 아니면 그냥 살아지고 있는가?

2 마음 탐험
– 루틴이 필요한 이유

"나는 왜 계획만 세우고 실천하지 못할까?"
"'이번에는 꼭 할 거야!' 다짐하지만, 며칠 못 간다. 헬스장, 독서, 공부… 계획은 세웠지만, 지키지 못했다. 다른 사람들은 다 열심히 사는 것 같은데, 나는 왜 안 되는 걸까?"

 루틴을 만든다는 건, 나를 재설계하는 과정이다. 나는 어떤 사람이 되고 싶은가?

 바쁜 와중에도 자기계발을 꾸준히 하는 사람?

 건강하고 활기차게 하루를 시작하는 사람?

 스트레스에 휘둘리지 않고 집중하는 사람?

 그렇다면, 그런 삶을 사는 사람들은 어떻게 하루를 보낼까?

3 나만의 길을 찾는 이야기
– 루틴이 인생을 바꾼 사람들

사례 1 **나는 계획만 세우는 전문가였다.**

 "다이어리에는 빼곡한 목표가 있었지만, 정작 실행한 것은 없었다. 해야 할 일 리스트는 늘어가지만, 정작 하루가 끝나면 아무것도 하지 못한 것 같다."

> **진실:** 목표보다 시스템이 중요하다.
> '할 거야'가 아니라, '매일 10분만이라도 하자'가 더 효과적이다.

"완벽한 계획보다, 작은 행동을 반복하는 것이 더 중요하다."

사례 2 **루틴 하나로 인생이 달라졌다.**

 "운동을 시작하면서, 삶 전체가 바뀌었다."
 "매일 10분 독서를 시작하면서, 생각이 깊어졌다."
 "새벽 기상을 시작하면서, 하루가 달라졌다."

> **진실:** 작은 루틴 하나가 인생을 바꿀 수 있다.

> 하루에 1%씩만 변화해도, 1년 후에는 엄청난 차이가 난다.

"중요한 것은 완벽한 계획이 아니라, 작은 습관의 지속성이다."

4 셀프 미션
– 나만의 루틴 만들기

1. 가장 중요한 한 가지를 정하라

지금 내 삶에서 가장 바꾸고 싶은 건 무엇인가? 건강, 공부, 일, 관계… 무엇이든 단 하나부터 시작하라.

2. 가장 쉬운 단계부터 시작하라

1시간 운동? → "일단 10분만 걸어 보자."

매일 책 한 권? → "5페이지만 읽어 보자."

명상 30분? → "3분만 눈 감아 보자."

3. 나를 위한 작은 보상을 만들어라

"오늘 목표를 달성하면, 내가 좋아하는 커피를 마시자."

"일주일간 지키면, 작은 선물을 주자."

"루틴은 강제가 아니라, 나를 위한 선물이어야 한다."

5 영감의 순간
– 자연과 우주의 메시지

강물은 멈추지 않는다. 강물은 늘 흐른다. 멈추는 것처럼 보일 때도, 보이지 않는 곳에서 흐르고 있다.

루틴도 마찬가지다. 오늘 1%라도 움직인다면, 그것은 엄청난 변화의 시작이다.

"나는 작은 흐름을 만들 것이다."

6 확언 명상
– 나는 루틴을 실천하는 사람이다

"나는 작은 변화가 큰 변화를 만든다는 것을 믿는다."
"나는 완벽하려 하지 않고, 지속하는 것에 집중한다."
"나는 나를 위한 시간을 소중히 여긴다."
"나는 오늘도 작은 한 걸음을 내딛는다."
"내가 원하는 삶을 만들기 위해, 나는 매일 한 걸음씩 나아간다."

7 내면 여행자의 다짐
– 그래서 어쩌라고?

"나는 나를 변화시키고 싶었다."
"나는 항상 계획만 세우고 실천하지 못했다."
"나는 계속 미루고, 결국 후회하는 삶을 살았다."
"그래서 어쩌라고?"

이제 나는 작은 변화부터 시작할 것이다. 나는 매일 1%라도 나아가는 사람이 될 것이다. 나는 루틴을 강제가 아니라, 나를 위한 선물로 만들 것이다.

우주의 기운을 모아 모아!

"나는 내 인생을 스스로 디자인한다!"
"나는 내 하루를 나만의 방식으로 설계한다!"

9장
자존감을 키우는 현실적인 방법

"자존감은 생각이 아니라, 행동에서 만들어진다."

1 인생 지도
– 나는 지금 어디쯤 와 있는 걸까?

- 왜 나는 이렇게 작아 보일까?
- 거울을 보면 내가 별로인 것 같다.
- 남들보다 뒤처지는 것 같아 조급하다.
- 내가 잘하는 게 뭔지 모르겠다.
- 칭찬을 받아도 금방 잊어버리고, 작은 비판은 오래 남는다.
- 내가 원하는 걸 말하는 게 어렵다.
- 남들이 나를 어떻게 볼지 신경 쓰느라 정작 내 생각은 없다.

"자존감은 방향이다. 내 인생의 지도에서, 나는 지금 어디에 있는가?"

2 자존감이 낮을 때 나타나는 신호

- 다른 사람의 말 한마디에 기분이 쉽게 흔들린다.
- '나는 안 돼'라는 말이 습관처럼 입에서 나온다.
- 거절을 못 해서, 하기 싫은 일도 억지로 한다.

- 실수를 하면, '역시 난 안 돼'라며 자책한다.
- 남들보다 내 단점만 눈에 더 잘 보인다.
- 사람들과 있을 때도 외롭다고 느낀다.

이런 신호가 보인다면, 지금 내 인생 지도를 다시 점검할 때다.

3 내 자존감 지도는 어떤 모습인가?

나는 누구인가? – 남들이 아니라, 내가 나를 어떻게 보는가?
나는 나를 어떻게 대하는가? – 남에게 하듯이 나를 존중하는가?
나는 어떤 기준으로 나를 평가하는가? – 내 기준인가, 남의 기준인가?
나는 나에게 친절한가? – 남에게 하듯이 나를 따뜻하게 대하는가?

"내가 나를 어떻게 대하느냐가, 내 자존감의 방향을 결정한다."

4 방향을 바꿔야 할 때
― 지금 멈춰야 한다!

자존감을 무너뜨리는 5가지 습관!
- 나를 깎아내리는 말 습관
- 비교하는 습관: 남의 인생이 더 좋아 보인다
- 거절을 못 하고 다 받아주는 습관
- 실수를 두려워하는 습관
- 남의 평가에 지나치게 의존하는 습관

이제는, 이 습관들을 손에서 놓아야 한다!

5 이제, 나만의 자존감 지도를 다시 그려 보자

1. 나는 충분히 괜찮은 사람이다.
   '나는 부족해' 대신, '나는 성장 중이다'라고 말하기

2. 나는 나를 먼저 배려할 것이다.
   '내가 정말 원하는 게 뭔지' 나에게 먼저 물어보기

3. 나는 비교하지 않는다.
   '저 사람보다 부족해' 대신, '나는 나만의 속도로 가고 있다'라고 인정하기

"이제 내 자존감은 내가 선택하는 방향으로 간다!"

6 마음 탐험
— 왜 우리는 자존감을 지키기 어려울까?

"남들보다 내가 더 중요한데, 왜 나는 늘 남을 먼저 신경 쓰는 걸까?"

비교의 늪: '저 사람은 저렇게 잘하는데, 나는 왜 이럴까?'
완벽주의의 덫: '나는 완벽하지 않으면 안 돼.'
과거의 상처: '어릴 때부터 칭찬보다는 지적을 더 많이 들었다.'
거절에 대한 두려움: '거절당하면 나는 가치 없는 사람이 되는 걸까?'

"자존감이 낮아지는 건 내가 부족해서가 아니라,
나를 존중하는 법을 배우지 못했기 때문이다."

7 나만의 길을 찾는 이야기
– 자존감이 높아지는 순간들

자존감은 타고나는 것이 아니라, 만들어지는 것이다.

사례 1 나는 남들보다 뒤처진 것 같았어요.

"친구들은 좋은 직장에 들어가고, 결혼도 하고, 집도 샀는데, 나는 아직도 제자리 같았어요. 그래서 내 인생이 실패한 것처럼 느껴졌죠."

> **해결책:** 남들과 비교하는 대신, 내 삶의 속도를 존중하자.
> 나는 나만의 속도로 성장하고 있다. 다른 사람의 인생이 아니라, 내 인생을 살 것이다.

"한 걸음씩 가더라도, 나만의 길을 걸을 것이다."

사례 2 나는 내 의견을 말하는 게 어려웠어요.

"어릴 때부터 남들한테 맞춰야 한다고 배웠어요. 그래서 내 생각을 말하는 게 어려웠고, 싫다는 말을 못 했어요."

> **해결책:** 거절 연습부터 시작하자.
> "내 감정을 무시하지 않겠다."
> "필요할 때 'NO'라고 말할 수 있다."

"내가 원하는 것을 존중하는 것이 곧 나를 사랑하는 법이다."

8 셀프 미션
– 자존감을 키우는 실천법

1. 자기 자신과의 약속을 지키자.
- 내가 나한테 한 약속은 꼭 지킨다.
- 작은 것부터라도 내가 나에게 믿음을 주는 것이 중요하다.
- 한 번의 선택이 모여 내 자존감을 만든다.

2. '싫어요'라고 말하는 연습을 하자.
- 남을 위해 나를 희생하지 않는다.
- 내가 불편한 건 하지 않는다.
- '싫어요'라고 말하는 것이 나를 보호하는 방법이다.

3. 나를 칭찬하는 습관을 만들자.
"나는 매일 나 자신에게 좋은 말을 해줄 것이다."
"나는 실수해도 괜찮은 사람이다."
"나는 완벽하지 않아도 충분히 가치 있는 사람이다."
"작은 실천이 모여 나의 자존감을 만든다."

9 영감의 순간
– 자연과 우주의 메시지

해는 빛나려고 애쓰지 않는다. 하지만 여전히 빛난다. 태양은 '빛나야겠다'고 애쓰지 않는다. 하지만 자연스럽게 존재만으로도 모든 걸 밝힌다. 이처럼 우리는 있는 그대로의 모습으로 충분히 소중한 존재다.

"나는 노력하지 않아도, 이미 충분히 빛나는 존재다."

10 확언 명상
– 나는 나를 소중하게 여길 것이다

"나는 남과 비교하지 않는다. 나는 나만의 속도로 성장하고 있다."
"나는 나 자신을 믿는다. 나의 가치는 내가 정한다."
"나는 나를 있는 그대로 존중한다. 나는 충분히 가치 있는 사람이다."
"나는 더 이상 내 가치를 남들에게 맡기지 않을 것이다."

11 내면 여행자의 다짐
– 그래서 어쩌라고?

이제 나는 내 기준으로 나를 평가할 것이다.
나는 나만의 속도로 성장할 것이다.
나는 더 이상 내 가치를 타인에게 맡기지 않는다.
우주의 기운을 모아 모아!
"나는 나를 믿는다. 나는 내 삶을 존중한다!"
"나는 이미 충분히 가치 있는 사람이다!"

10장
감사의 힘
↳ 작은 것에서 행복 찾기

"불평하는 습관보다, 감사하는 습관이 더 강력하다."

1 인생 지도
– 내가 찾고 있는 행복, 이미 가까이에 있다

행복은 정말 내게 오지 않는 걸까?
행복하려면 더 많은 돈이 필요할까?
좋은 사람을 만나야만 행복할까?
내가 원하는 것을 이뤄야만 진정한 행복을 느낄 수 있을까?
계속 찾고 있지만, 왜 여전히 뭔가 부족할까?

행복은 생각보다 가까운 곳에 있다. 나는 그것을 놓치고 있을지도 모른다. 행복은 멀리 있지 않다.

우리는 종종 행복을 찾기 위해 너무 멀리까지 떠나려 한다. 더 많은 돈, 더 좋은 사람, 더 나은 환경을 찾기 위해 온갖 노력을 다 하지만, 정작 행복은 항상 우리가 지나치게 열심히 찾으려 했던 바로 그곳, 우리 주변에 있다.

예를 들어, 아침에 일어났을 때, 따뜻한 이불에서 벗어나기 싫은 순간에도 '그래도 오늘 하루가 시작된 것에 감사하다'라고 마음을 먹으면, 어느새 작은 기쁨이 마음속에 스며들기 시작한다. 행복은 아주 간단한 것에서부터 시작될 수 있다.

셀프 미션

오늘 하루 가장 감사한 순간을 떠올리고, 그에 대해 작은 일기라도 써 보자. 오늘의 감사 목록을 하나씩 채워 가며 자신이 가진 것을 돌아보자.

2 감사하지 않으면, 행복도 멀어진다

내가 찾고 있는 행복은 사실 내가 주고 있는 감사의 크기만큼 찾아온다.

- 내가 얻은 것보다 없는 것에 더 집중한다.
- 감사하기보다 불평이 먼저 나온다.
- 내 삶에 주어진 것들을 당연하게 여긴다.
- 작은 일에 감사함을 느끼지 못한다.

행복이 멀게만 느껴지지만, 사실 내게 주어진 모든 것들이 소중한 선물이다.
"행복은 내가 느끼는 감사의 감정에서 온다."
가장 가까운 행복은 내가 놓치고 있는 감사의 마음에서 출발한다. 우리는 종종 현재 상황에 대한 불평과 부족함에 집중하며, 이미 가진 것에 대한 감사함을 잊어버린다. 그런데, 우리가 가지고 있는 것들을 다시 바라보면, 그 안에서 숨겨진 행복을 발견할 수 있다.
예를 들어, 우리가 건강한 몸을 가졌다는 사실에 감사하는 것, 바쁜 일상 속에서도 누리는 따뜻한 커피 한 잔에 감사하는 것, 내가 사랑하는 사람들과 함께할 수 있는 순간을 소중히 여기는 것 등이 바로 그런 행복의 시작이다.

셀프 미션

오늘 하루, 감사할 수 있는 작은 일들을 5가지 떠올려보자. 감사한 것들을 적고, 그 의미에 대해 되새겨 보자.

3 감사의 습관, 작은 변화로 시작하다

작은 것에서 감사할 줄 아는 마음, 그것이 내가 찾는 행복의 열쇠다.

- 아침에 일어나서 감사한 마음으로 하루를 시작한다.
- 일상에서 자신이 가진 것들에 감사함을 느낀다.
- 불평 대신, '고맙다'는 말을 더 많이 한다.
- 나 자신에게도 감사하며, 나의 노력과 성장을 인정한다.
- 나는 지금 있는 그대로 충분히 행복할 자격이 있다.

행복을 찾는 것이 아니라, 감사하는 마음으로 이미 가진 것을 누리는 것이다. 작은 변화에서 시작되는 감사의 습관이 결국 나의 삶을 변화시킬 수 있다. 아침마다 "오늘 하루 감사함으로 시작할 거야!"라는 다짐 하나로도 삶의 질은 급격히 달라진다. 이를 통해 점차 더 많은 감사함을 느끼게 되고, 그로 인해 행복도 조금씩 커져간다.

셀프 미션

하루의 시작과 끝을 감사로 마무리하자. 아침에 일어나서 '고맙다'라고 마음속으로 되뇌어 보자. 저녁에는 하루 동안 감사한 일을 3가지 떠올려 보자.

4 감사의 실제 예시
– 내 삶에 감사하기

사례 1 하루를 시작하는 감사

"매일 아침 눈을 뜨면, 나는 먼저 내게 주어진 하루에 감사한다. 오늘도 살 수 있다는 것, 오늘도 기회가 있다는 것, 그 자체가 감사함이다."

> **해결책:** 매일 아침, 나는 나의 존재와 오늘의 하루를 감사함으로 시작한다. 내가 할 수 있는 일들이 많다는 것에 감사한다.

"오늘 하루도 내가 살아가게 된 기적이다."

사례 2 힘든 일이 있어도 감사하기

"일이 바쁘고 힘들어도, 나는 작은 성취에도 감사한다. 내가 하고 있는 일들 덕분에 더 많은 사람들을 도울 수 있다는 것, 그것이 나에게 힘을 준다."

> **해결책:** 모든 일을 하나씩 끝낼 때마다 내가 한 걸음씩 나아가고 있다는 것을 감사하게 생각하자. 힘든 순간에도 나에게 주어진 기회에 감사한다.

"어떤 어려움도 내가 더 성장하는 과정이다."

5 감사의 실천
– 작은 변화가 큰 행복을 만든다

1. 매일 감사 일기를 쓰자.

하루에 세 가지 감사한 일을 적어 보자. 작은 것에도 감사할 줄 아는 연습이 필요하다. 감사는 습관이다. 습관이 바뀌면, 삶도 바뀐다.

2. 감사한 사람에게 고백하자.

내가 감사하는 사람에게 그 마음을 전하자. "고마워요." 한마디가 더 큰 행복을 가져다준다. 감사의 마음은 공유할수록 커진다.

3. 내 자신에게 감사하자.

내가 나를 사랑하고, 인정하는 것이 중요하다. 오늘도 열심히 살아 낸 나에게 감사한다. 나의 노력과 성과에 대해 자신을 칭찬해 주자.

"행복을 찾는 것이 아니라, 내가 가진 것에 감사하는 것.
그것이 행복을 끌어오는 법이다."

6 영감의 순간
– 자연과 우주의 메시지

바람은 늘 지나가지만, 그 바람이 가져오는 변화는 지속된다. 바람처럼, 우리가 느끼는 모든 순간은 지나간다. 지나간 순간을 통해 우리는 성장한다. 우주가 주는 작은 변화와 메시지를 느끼며 나아가자.

"내가 감사하는 순간, 우주는 나에게 더 많은 선물을 보낸다."

7 확언 명상
– 나는 지금 이 순간을 감사한다

"내가 받은 것에 감사하며, 나의 삶을 온전히 살아가겠다."

"나는 내 삶에 감사하며, 오늘도 나의 길을 걸어간다."
"나는 내게 주어진 모든 순간을 소중히 여길 것이다."
"나는 우주가 나에게 주는 기회를 감사히 받아들이겠다."
"감사의 마음으로 삶을 바라볼 때, 행복은 내 안에 이미 있다."

8 내면 여행자의 다짐
– 그래서 어쩌라고?

"나는 항상 불평하고 불만을 털어놨다. 나는 내가 가진 것에 감사하지 않았다. 나는 내 삶에 대해 항상 부족하다고 생각했다."

"그래서 어쩌라고?"

이제 나는 내가 가진 것에 감사할 것이다. 나는 내 삶에 감사하며, 행복을 찾아갈 것이다. 나는 불평하지 않고, 나에게 주어진 모든 것에 감사할 것이다.

우주의 기운을 모아모아!

"나는 감사하며, 나의 삶을 더 풍요롭게 만들 것이다!"

"나는 지금, 여기에서 행복을 찾는다!"

11장
내가 가진 것들에 대한 재발견

"행복은 늘 가까이에 있었다."

1 인생 지도
– 내가 가진 것, 이미 내 안에 있다

가장 가까운 행복을 지나쳐 온 적은 없나요? 당신이 가지고 있는 것들을 다시 살펴보세요. 그동안 너무 쉽게 지나쳐 온 것들이 많지 않나요?

"내가 가지고 있는 것들은 단순한 자원이 아니라, 나의 경험과 지혜의 축적이다."

내가 가진 것들이 바로 나를 지금까지 이끌어 온 밑바탕이었다는 사실을 깨달을 때, 비로소 내가 가진 것의 가치를 이해하게 된다.

행복은 생각보다 가까운 곳에 있다. 나는 그것을 놓치고 있을지도 모른다. 문제는 우리가 그것을 얼마나 '소중히 여기고 있는가'에 달려 있다.

2 내가 가진 것들
– 비록 작아 보일지라도

내가 지금 가진 것, 그것이 바로 내 인생의 자원이다. 당신의 삶에서 가장 작은 것들이 때로는 가장 큰 가치가 있다.

'건강', '친구들', '기회', '시간'. 이 모든 것은 우리가 대개 너무 쉽게 지나치는 것들이다. 하루하루를 살아가며 우리는 끊임없이 더 많은 것을 원하지만, 이미 가지고 있는 것에서 그 가치를 발견하는 게 중요하다.

"작은 것에 감사함을 느끼고, 그것이 주는 힘을 발견할 때, 더 큰 것을 얻을 수 있다."

예를 들어, 내가 가진 '시간'을 소중히 여기면, 시간이 나에게 주는 기회가 커진다.

3 내가 가진 것들에 대해 진지하게 생각해 보자

나는 내가 가진 것에 대해 얼마나 자주 생각해 봤는가? 우리는 종종 가진 것에 대해 당연하게 여기며, 그 가치에 대해 진지하게 생각하지 않는다.

내가 가진 친구들, 가족, 일상적인 생활… 이 모든 것이 나에게 얼마나 큰 의미인지 알아볼 필요가 있다.

내가 지금 가진 것이 나에게 얼마나 큰 힘을 주는지, 그것이 나의 목표를 이루는 데 얼마나 중요한지 진지하게 고민해 보자.

"내가 가진 것들이 오늘도 나를 이끌고 있다.
이제 그 가치를 더 깊이 이해할 때, 내 인생은 더 풍요로워진다."

4 내가 가진 것들을 소중히 여기는 법

"내가 가진 것들을 최대한 활용하며 풍요롭게 살기."

1. 자연과 함께하는 풍요

내가 가진 것들 중 자연은 가장 큰 선물이다. 자연은 무한한 자원을 제공하며, 내가 그것을 받아들이고 감사할 때 더욱 풍요로움을 안겨 준다.

공기를 마시며, 햇살을 받으며, 자연의 아름다움 속에서 내가 얼마나 풍성하게 살고 있는지를 느껴 본다. 자연 속에서 느끼는 작은 평화가 나의 마음을 확장시키고, 그 풍요로움이 내 삶을 이끌어 간다.

2. 사랑과 관계의 풍요

나의 친구들, 가족, 그리고 사랑하는 사람들. 그들이 나에게 주는 사랑과 기회는 나의 삶에서 가장 중요한 자산이다. 내가 가진 사람들과의 관계가 얼마나 나를 풍요롭게 하는지를 깨달을 때, 내 인생은 더 많이 채워지고 넉넉해진다.

사람들 속에서 느끼는 따뜻함, 지지, 격려가 내가 갖고 있는 진정한 부유함이다.

3. 시간과 기회의 풍요

내가 가진 '시간'은 무엇보다도 소중하다. 시간을 어떻게 활용하느냐에 따라 내 인생의 방향이 달라진다. 내가 가진 '기회'를 소중히 여기며, 그것을 통해 나의 꿈을 이루려는 결단을 내릴 때, 그 기회는 나에게 돌아온다.

시간을 잘 관리하고, 지금의 기회를 소중히 여길 때, 더 큰 기회와 성취가 내게 다가온다.

> *"내가 가진 것들이 바로 내 삶의 풍요로움이다.*
> *그것들을 마음껏 누리며, 더 큰 풍요를 창조한다."*

5 감사의 실천
– 작은 변화가 큰 행복을 만든다

1. 내 삶의 풍요를 인정하는 연습

오늘 하루 내가 가진 것들에 감사하는 시간을 가져 보자. 내가 가진 작은 것에서 느끼는 감사의 마음은 나에게 더 큰 풍요를 가져온다. 이 순간을 감사히 여기며, 내가 가진 모든 것들을 사랑하고 인정한다.

2. 내가 가진 것들을 활용하는 연습

내가 가진 시간, 사람들, 기회를 활용해 나만의 목표를 이루기 위한 작은 실천을 시작하자. 내가 가진 모든 자원이 나를 이끌어 줄 것이다.

3. 내 삶의 풍요를 나누는 연습

내가 받은 풍요를 다른 사람들에게 나누며, 그들 역시 풍요로워지도록 돕는다.

나누는 것이 더 큰 풍요를 가져오는 법이다. 내가 가진 모든 것에 감사하며, 그것을 통해 더 많은 풍요를 만들어 가자.

6 영감의 순간
– 자연과 우주의 메시지

하늘은 언제나 나에게 기회를 준다. 자연은 우리가 가지고 있는 모든 자원과 기회를 주며, 우리가 그것을 어떻게 활용하느냐에 따라 더 많은 것을 가져다준다.

우주는 우리에게 늘 메시지를 주고 있다. 내가 가진 것에 대해 감사하고, 그것을 어떻게 활용할지 고민하며 살아갈 때, 더 많은 풍요가 다가온다.

"우주는 내가 가진 것을 어떻게 사용할지를 기다리고 있다."

7 확언 명상
– 나는 지금 이 순간을 감사한다

"내가 받은 것에 감사하며, 나의 삶을 온전히 살아가겠다."
"나는 내 삶에 감사하며, 오늘도 나의 길을 걸어간다."
"나는 내 주어진 모든 순간을 소중히 여길 것이다."
"나는 우주가 나에게 주는 기회를 감사히 받아들이겠다."
"감사의 마음으로 삶을 바라볼 때, 행복은 내 안에 이미 있다."

8 내면 여행자의 다짐
– 그래서 어쩌라고?

나는 나를 평가할 때, 부족함만을 찾았다.

나는 나의 가진 것들을 충분히 감사히 여기지 않았다. 하지만 이제, 나는 그 모든 것을 소중히 여기고 살겠다. 이제 나는 내 가진 것에 감사할 것이다.

나는 내 삶에서 제공되는 모든 자원과 기회를 사랑할 것이다. 내게 주어진 시간, 건강, 사람들, 기회 모두를 소중하게 다룰 것이다.

"우주가 내게 준 모든 것을 기꺼이 수용하고, 그것들을 더욱 성장시키겠다!"

"내가 가진 모든 것에 대해 감사하고, 그것을 최대한 활용할 것이다!"

12장
불안과 걱정을 다루는 법

"불안해도 괜찮다. 하지만 휩쓸리진 말자."

1 인생 지도
– 불안의 실체를 파악하기

불안은 내게 무엇을 말하고 있나?

불안은 나의 삶에 들어온 신호등과도 같다. 가끔 불안이 내 마음에 파고들면, 나는 길을 잃은 느낌을 받곤 한다. 하지만 사실 그 불안은 내가 가고 있는 방향이 맞는지 점검하게 해 주는 중요한 역할을 한다.

불안의 신호는 내가 예측할 수 없는 내일을 걱정하며, 과거의 실수에 얽매이고, 지금도 미래에 대한 두려움 속에서 떠돌고 있다.

그럼, 나는 지금 어디쯤 왔을까? 지금까지 걷고 있는 이 길이 맞는지 확신이 서지 않을 때, 불안은 단지 방향을 잡아 주는 중요한 나침반이 된다.

*"불안은 내 마음의 내비게이션이다.
신호를 무시하지 말고, 그것을 통해 내가 가고 있는 길을 점검하자."*

2 불안의 근원 파악하기

"불안이 다가올 때, 그것을 어떻게 다루어야 할지 모르겠다."

불안은 다양한 얼굴로 다가온다. 그것은 종종 내가 마음속 깊은 곳에서 숨기고 싶은 두려움이나, 내가 결코 해결할 수 없을 것 같은 문제들이 그 뿌리일 수 있다. 때로는 내 몸이 보낸 신호일 수 있다.

통제 불능의 미래에 대한 두려움 – '내가 지금 제대로 가고 있나?'
사람들과의 관계에서 오는 불안 – '저 사람이 나를 어떻게 생각할까?'
과거의 실수에 얽매인 불안 – '그때 내가 했던 그 말, 그 행동은?'

불안은 내가 해결해야 할 문제들로부터 비롯된 것이다. 그러므로 불안을 해결하려면 그 문제의 근본 원인을 찾아야 한다.

3 불안 다루기 실천법

불안은 내게 삶의 중요한 교훈을 준다. 그것을 어떻게 다룰지 배우는 것이 중요하다.

불안을 다룰 때는 항상 '감정의 흐름'을 따라가는 것이 중요하다. 불안을 너무 억누르려고 하지 말고, 그 감정을 받아들이고 자연스럽게 흐르게 해야 한다. 그렇다면 불안은 결국 나를 성장시키는 힘이 될 것이다.

1. 느끼는 대로 인정하기

불안하다면, 그것을 느끼고 인정하자. 내 감정을 무시하지 않는다. 불안을 느끼는 것은 자연스러운 일이다. 중요한 건, 내가 그 감정에 어떻게 반응하느냐이다.

2. 지금에 집중하기

불안을 일으키는 대부분의 생각은 '미래'에 대한 걱정이다. 내가 할 수 있는 건 오직 '지금'에 집중하는 것이다. 지금 내 앞에 펼쳐진 일을 해결하는 것만으로도 충분하다.

3. 작게 실천하기

불안을 해결하기 위해 한 번에 모든 걸 해결하려 하지 말자. 하나씩 해결해 나가는 것이 중요하다. 작은 목표를 세우고 이를 하나씩 성취하면서 불안을 다루자.

"불안은 내가 성장하는 과정의 일부일 뿐이다. 그 과정 속에서 나는 더욱 강해진다."

4 불안을 넘어서기 위한 '마음의 다짐'

불안을 해결하기 위한 핵심은 결국 내 마음속에서 불안에 대한 인식 자체를 바꾸는 것이다. 불안이 내 삶을 지배하게 두지 말고, 내가 그 불안을 다룰 수 있는 주체가 되어야 한다.

1. 불안에 휘둘리지 않겠다.

"불안에 휘둘리면 내 인생의 항로를 잃어버린다. 그래서 불안이 온다면 그 감정을 직시하고, 이를 넘어서기 위한 방법을 찾겠다."

2. 불안을 두려워하지 않겠다.

"불안을 피할 수 없다면, 그 불안을 내 성장의 밑거름으로 삼겠다. 불안은 새로운 가능성을 열어 주는 열쇠가 될 수 있다."

3. 내 마음을 다스리겠다.

"불안은 내 마음의 거친 파도와 같다. 나는 그 파도를 타고 나아가야 한다. 불안에 대한 나의 태도를 바꾸면, 그 불안은 더 이상 내 삶을 지배하지 않는다."

5 불안에 대해 더 깊이 이해하기

불안을 다루는 과정에서 중요한 점은, 그것을 '적'으로 간주하지 않고, 나를 성장시키는 기회로 보는 것이다. 불안을 통해 나는 내 마음의 여정을 더욱 깊이 이해하게 되고, 더 나아가 내 삶의 목적을 재조명하게 된다.

불안은 나를 성장시키는 기회이며, 내 존재와 내 길을 알아 가는 중요한 기회다.

"불안을 통해 나는 더욱 강하고, 나아가 내 길을 분명히 알게 된다."

6 영감의 순간
– 자연과 우주의 메시지

불안은 잠시 흐르는 구름과 같다. 그 구름은 결국 사라지고, 새로운 햇살이 비춘다.

불안은 마치 구름과 같다. 지나간 후에는 밝은 하늘이 열린다. 내가 불안을 피하지 않고, 그것을 직시하며 다가가면 새로운 가능성이 열리게 된다.

"불안을 지나면 더 맑고, 깨끗한 내면의 평화가 나를 기다리고 있다."

7 확언 명상
– 불안을 넘어서는 마음의 자유

불안은 나의 여정의 일부일 뿐이다. 그것이 지나가면, 나는 더 큰 평화와 자유를 느낄 것이다. 불안을 인정하고, 그것을 받아들여야만 진정한 마음의 평화를 찾을 수 있다.

내가 불안을 넘어서면, 내 삶은 더욱 자유로워질 것이다. 불안은 내가 이겨 낼 수 있는 힘으로 바뀐다.

8 내면 여행자의 다짐
– 그래서 어쩌라고?

"불안이 내 앞에 있을 때, 나는 도망치지 않겠다."
"나는 불안을 직시하고, 그것을 넘어설 힘을 기를 것이다."
"불안은 나의 인생 여정에서 중요한 교훈을 준다."

이제 나는 불안을 두려워하지 않겠다. 나는 불안의 메시지를 받아들이고, 그 길을 지나가겠다. 나는 불안을 넘어서는 사람으로 성장할 것이다.

"불안을 직면하고, 그것을 내 성장의 발판으로 삼는다."
"나는 불안을 이겨 내고, 더 나은 내가 될 것이다!"

13장
행복을 습관으로 만드는 법

"행복도 연습이 필요하다."

1 인생 지도
– 행복은 목적지가 아니라, 매일 연습하는 과정이다

"행복으로 가는 길, 어디로 가야 할까?"
어릴 적 우리는 이런 말을 많이 들었다.
"좋은 대학 가면 행복할 거야."
"좋은 직장 잡으면 행복할 거야."
"돈 많이 벌면, 결혼하면, 꿈을 이루면… 행복할 거야."
하지만 어른이 되어 보니, 그런 행복은 신기루처럼 다가왔다가 사라지곤 했다.

행복은 도착지가 아니다.
행복은 매일 연습하고, 매일 만들어 가는 과정이다.
행복은 특별한 날에만 찾아오는 게 아니다.
행복은 대단한 성취를 해야 느낄 수 있는 게 아니다.
지금, 이 순간에도 행복은 내가 선택할 수 있는 것이다.

"행복은 어디에 있는 것이 아니다. 내가 매일 만들어 가는 것이다."

2 행복을 찾으려 하지 말고, 행복을 만들어라

누군가가 이렇게 묻는다.

"행복 찾았어요?"

"행복해지는 방법이 뭔가요?"

이 질문 자체가 틀렸다. 행복은 어디선가 기다리고 있는 것이 아니다. 행복은 내가 만드는 것이다.

"아침에 일어나자마자 기분 좋은 음악을 틀어 본다."

"출근길에 커피 한 잔을 마시며 여유를 느껴 본다."

"일과 중에 5분만이라도 창밖을 보며 햇살을 즐긴다."

행복은 우연히 찾아오는 것이 아니다. 매일 내가 만들어야 한다.

3 '행복할 이유'를 기다리지 말고, 지금 행복을 선택하라

우리는 행복을 '나중으로' 미루는 데 익숙하다.

"이 프로젝트 끝나면 행복할 거야."

"이번 달만 지나면, 다음 해만 되면, 은퇴하면…."

하지만 그때가 오면 또 다른 고민이 생긴다. 그리고 행복은 다시 저 멀리로 미뤄진다.

행복할 이유를 기다릴 필요 없다. 지금, 행복을 선택하면 된다.

힘든 날에도 작은 기쁨을 찾을 수 있다.

완벽하지 않아도 감사할 수 있다.

불완전한 지금도, 충분히 행복할 수 있다.

"행복을 미루지 마라. 오늘도 행복할 수 있다."

4 작은 행복들을 모으면, 커다란 행복이 된다

행복은 대단한 사건이 아니다. 하루 동안 일어나는 작은 기쁨들이 모이면, 그것이 결국 큰 행복이 된다.

길을 걷다가 만난 예쁜 꽃, "와, 저거 정말 예쁘다!"

엘리베이터 문이 닫히려는 순간, "휴~ 겨우 탔다!"

지하철에서 우연히 마주친 친구와 웃으며 나눈 대화, "오늘 기분 좋은데?"

이런 작은 순간들이 하루를 빛나게 만들고, 결국 행복한 인생을 만든다.

"행복은 거창한 것이 아니다. 매일의 작은 기쁨이 모이면 커다란 행복이 된다."

5 행복을 습관으로 만드는 실천법

1. 매일 아침, 감사하는 습관 만들기

눈을 뜨자마자 '오늘 하루도 살아 있다!'라고 생각하기.

내 몸이 건강하다는 것, 내 주변에 소중한 사람이 있다는 것에 감사하기.

2. 웃음을 잃지 않기

사소한 일에도 웃기!

재미있는 영상 하나라도 찾아보며 웃기!

'웃으면 복이 온다'는 말, 정말 맞다!

3. 나만의 작은 행복 리스트 만들기

내가 좋아하는 것들을 리스트로 적어 보기.

커피 한 잔, 좋아하는 노래 듣기, 밤하늘 보기 등, 내게 작은 행복이 되는 것들!

그리고 매일 하나씩 실천해 보기.

"행복은 연습할수록 늘어난다. 오늘부터 행복을 연습하자!"

6 영감의 순간
– 우주는 늘 나에게 말을 걸고 있다

햇살은 자신이 빛날 자리를 찾지 않는다. 그저 떠오르고 비출 뿐이다.

우리도 그래야 한다. 행복을 찾으려고 애쓰는 게 아니라, 지금 이 순간 내 안에 있는 행복을 비추는 것이 중요하다.

바람이 불 때, 나뭇잎이 흔들린다. 그 흔들림을 보고 우리는 '아, 바람이 부는구나.'라고 생각한다. 그런데 우리는 왜, 내 마음이 흔들릴 때는 '아, 지금 내가 살아 있구나'라고 생각하지 못할까?

행복도 마찬가지다. 행복은 어떤 특별한 순간에만 존재하는 것이 아니다. 행복은 언제나 내 곁에 있고, 내가 그것을 바라볼 때 우리 앞에 모습을 드러낸다.

구름이 걷히면, 태양은 언제나 그 자리에서 빛난다. 바람이 불면, 나뭇잎은 춤을 춘다. 내가 행복을 바라보면, 행복도 나를 바라볼 것이다. 행복은 나를 기다리는 것이 아니라, 내가 그 행복을 선택할 순간을 기다리고 있다.

"그러니, 나는 오늘도 내 안의 행복을 빛나게 할 것이다."

7 확언 명상
– 행복을 선택하는 마음

"나는 나의 행복을 스스로 만든다."

"행복은 기다리는 것이 아니라, 내 안에서 피어나는 것이다."

"나는 오늘, 내 삶에서 행복을 발견할 것이다."

행복은 기다리는 게 아니다.
행복은 오늘, 지금, 내 안에서 시작된다.

"나는 오늘도, 나의 행복을 선택한다."

8 내면 여행자의 다짐
– 그래서 어쩌라고?

"행복할 이유가 없다면, 그래서 어쩌라고?"
"완벽하지 않다면, 그래서 어쩌라고?"
"모든 걸 갖추지 못했다면, 그래서 어쩌라고?"
나는 오늘도 웃을 것이다.
나는 작은 행복을 소중히 여길 것이다.
나는 행복을 연습하고, 매일 조금씩 더 행복해질 것이다.
"행복은 조건이 아니라, 선택이다. 나는 오늘도 행복을 선택한다."
누군가는 말한다.
"삶이 힘든데, 어떻게 행복을 연습해?"
"매일이 똑같은데, 어떻게 행복할 수 있어?"
그럴 때, 이렇게 대답하면 된다.
"행복은 기다리는 게 아니야. 행복은 내가 만드는 거야. 나는 행복을 연습할 거야. 그리고, 결국 나는 행복해질 거야."
나는 웃을 것이다.
나는 작은 순간을 소중히 여길 것이다.
나는 행복을 매일 조금씩 쌓아 갈 것이다.

"나는 오늘도, 행복을 선택한다."

14장
인생을 즐기는 기술

"살아가는 게 아니라, 즐기면서 살아야 한다."

1 인생 지도
– 인생은 놀이터, 목적지가 아니라 여행!

"인생, 그 어디로 가는 길이지?"

어린 시절, 우리 모두 한 번쯤은 게임에서 목적지를 정해 놓고 달려갔었다. 하지만 인생은 그런 게임과 다르다. 목표를 정하고 한 방향만 보며 달려간다면 우리는 인생이라는 놀이를 놓칠 수 있다는 사실을 깨달아야 한다.

인생의 여행, '목적지에만 집중'하는 건, 여행의 재미를 절반으로 깎는 것이다. 그 대신, "오늘의 여정은 어떻게 즐길 수 있을까?" 이런 질문을 던져 보자. 예를 들어, 길을 걷다가 만난 길모퉁이의 작은 카페, 혹은 길가에 피어난 예쁜 꽃을 보는 것만으로도 "이것도 즐길 수 있다!"는 새로운 관점이 생길 것이다.

길을 가다 보면 뜻밖의 재미있는 일들이 펼쳐진다.

목표를 향해 가면서도 '오늘, 지금'을 즐길 수 있는 방법을 찾아보자. 목적지에 도달하는 데 필요한 에너지는 바로 이 여정 속에서 얻을 수 있다.

"인생은 여정이다! 그 여정에서 오늘을 즐기자!"

2 여정의 중간에서 잃지 말아야 할 것, 바로 '즐거움'

목표는 필요하지만, 목표에만 집중하면 그 목표가 완성된 후에도 '그때 그 목표를 위한 여정'은 계속 나를 괴롭힐지도 모른다. 인생은 '목표 도달'이 아닌 '과정'을 즐기는 데 의미가 있다.

매일 아침, 커피 한 잔에 웃음이 나올 수 있는 시간을 만들고, 업무 중간에도 잠깐의 게임, 흥미로운 대화, 멋진 음악 한 곡을 즐겨보자.

"어? 이 길목, 정말 좋은데!"라는 순간을 놓치지 마라.

"목표는 가는 길에 놓인 선물, 그 선물을 즐기자!"

3 '행복을 찾는 것'은 '행복을 만드는 것'

누군가가 "행복 찾았나요?"라고 묻는다면, 그때는 "행복은 찾는 게 아니라 내가 만드는 거예요!"라고 대답하자. 인생을 살면서 '행복을 찾아야 한다'는 생각에 끌려가면, 결국 우리는 끝없이 '어디 있지?'라며 찾게 될 것이다. 하지만 그게 아니라 "내가 지금 이 순간에 행복을 만들겠다!"라는 선택이 더 중요한 법이다.

여유 있게 커피 한 잔 마시기.

친구와 웃으면서 간단한 이야기를 나누기.

지금 내가 가진 것들에 대해 감사함을 느끼고, 행복을 창조하기.

"행복은 내가 만드는 것이다! 내가 행복을 만들어 가는 길!"

4 행복, 그 작은 선물들을 모아 보기

행복은 항상 멀리 있지 않다. 사실 지금, 이 순간에도 우리 주변에는 행복이 숨어 있다. 우리가 다가가서 손을 뻗으면, 행복은 우리를 안아줄 준비가 되어 있다. 행복을 만드는 건 바로 지금이다!

길을 걷다가 만난 꽃, "이렇게 예쁠 수가!"

엘리베이터 문이 닫히는 순간, "으아! 겨우 탔어!"

지하철에서 우연히 마주친 친구와의 웃는 얼굴을 보며, "오늘 진짜 좋은 날이네!"

"행복은 이미 내 안에, 내 주변에 있어요. 이제 그 행복을 발견하고, 가져가세요!"

5 인생의 작은 즐거움을 위한 실천!

이제 진짜로 '인생을 즐기기 위한 실천법'에 대해 이야기해 보자. 여러분이 해낼 수 있도록 '지금 바로 실천 가능한 것들'을 소개하도록 한다.

1. 오늘 하루를 내가 사랑하는 것들로 가득 채우기.

좋아하는 음악 듣기, 좋아하는 음식을 먹기, 좋아하는 영화 보기.

오늘 하루가 내 행복의 시작이다!

2. 웃음을 멈추지 말자.

자주 웃고, 웃길 때 웃기고, 웃는 연습을 해 보자.

웃으면 기분도 상쾌하고, 마음이 가벼워진다.

3. 나만의 작은 휴식 시간 만들기.

　일하는 도중 5분이라도 '나만의 여유 시간' 만들기.
　이 순간에도 잠깐 쉬어 가며 행복을 누리는 연습이 필요하다.

"인생은 긴 여정이 아니라, 매 순간을 즐기면서 가는 여행이다!"

6 영감의 순간
– 자연과 우주의 메시지

　해가 지면 또 떠오르고, 구름이 지나가면 맑은 하늘이 또 나타난다. 우리는 매일 매일 새로운 하루를 시작한다. 하루의 시작이 힘들고 피곤해 보일지라도, 그 안에 숨겨진 작은 행복은 충분히 찾을 수 있다. 여러분, 자연과 우주의 리듬처럼 우리는 계속해서 새로운 기회를 만나고, 성장하고 있다. 그 기회를 놓치지 말고, 인생을 사랑하는 방식을 찾아보자.

"매일매일을 소중하게 여기며, 내 안의 행복을 빛나게 만들자!"

7 확언 명상
– 나는 지금 이 순간을 감사한다

"나의 길을 걷는다. 내가 만든 이 길에 감사한다."
"내가 받은 모든 순간에 감사하며, 오늘도 행복을 선택한다."
"내가 지금 누리는 행복이 내일을 더 아름답게 만들 것이다."
"나는 나의 여정을 즐기며, 매 순간을 살아간다."

8 내면 여행자의 다짐
– 그래서 어쩌라고?

나는 때로 불안하고, 걱정이 많았다. 나는 목표만을 향해 달려갔고 많은 것을 놓치면서 살아왔다.

"그래서 어쩌라고?"

이제 나는 여정을 즐기겠다. 나는 목표가 아닌, 매 순간을 사랑하고 즐길 것이다. 내 인생의 매 순간, 내가 선택한 길을 따라가겠다.

"내가 오늘을 즐기면, 내일은 더 밝은 길이 열릴 것이다."

"나는 즐기면서 살겠다. 그게 내 인생이다!"

15장
결국, 나를 믿고 가는 것

"다른 누구도 아닌, 나 자신을 믿어야 한다."

1 인생 지도
– 길을 잃어도, 그 길이 내 길이다

"인생, 어디로 가야 하지?"

누군가는 인생을 미리 정해진 지도처럼 생각하지만, 정작 중요한 순간이 오면 아무도 우리에게 스포일러를 주지 않는다.

방향을 정하고 나아가도, 때때로 길을 잃을 수 있다. 하지만 길을 잃었다고 해서 잘못된 게 아니다. 길을 잃었다고 생각하는 순간, 우리는 길을 발견하는 중이다.

모든 길은 나만의 목적지로 향한다. 누구도 내 인생의 지도를 대신 그려주지 않는다. 내가 걸어온 길이, 결국 내 길이 된다.

"지금 어디로 가고 있는지 몰라도 괜찮아.
한 걸음씩 가다 보면, 그 길이 나를 위한 길이었음을 알게 될 테니까."

2 선택의 순간
– 운명은 때때로 신호를 준다

"이 선택이 맞는 걸까?"

운명은 가끔 우리에게 작은 신호를 남긴다.

"이 길이 왠지 모르게 끌린다."

"그 선택을 하면 마음이 편안해진다."

"우연처럼 보이는 것들이 내 앞에 계속 펼쳐진다."

운명은 우리에게 방향을 알려줄 수 있지만, 그 길을 걸어갈 용기는 우리가 만들어야 한다. 그렇다고 운명을 기다리는 것만이 정답일까? 아니다. 운명이 손을 내밀지 않아도, 우리는 언제든 우리 손으로 문을 열 수 있다.

"스포일러 없는 인생? 괜찮아. 내가 직접 스토리를 써 나가면 되니까."

3 자신감 충전
– 결국, 나를 믿어야 한다

"내가 이걸 할 수 있을까?"

스스로를 의심하는 순간, 이미 한 발 물러난 것이다. 하지만 질문을 바꿔 보면 어떨까?

"내가 할 수 있을까?" → "내가 하면, 어떻게든 되겠지!"

"실패하면 어쩌지?" → "한 번쯤은 넘어져도 괜찮아!"

"내가 맞는 길을 가고 있는 걸까?" → "내가 가는 길이 정답이 된다."

확신은 결과에서 오는 게 아니라, 믿음에서 시작된다.

"나는 나를 믿기로 했다. 그게 이 길을 가는 첫 번째 조건이니까."

4 인생의 복수법
– '넌 안 될 거야'라는 말에 대한 최고의 대답

"너 그거 해서 뭐 하려고?"
"너무 높은 꿈 아니야?"
"현실을 좀 생각해 봐."

그 말들, 어쩌면 우리가 가장 많이 들어 온 이야기일지도 모른다. 하지만 이런 말에 대한 가장 통쾌한 복수는 딱 하나다.

그럼에도 불구하고, 나아가는 것, 그들의 의심을 내가 만든 결과로 답하는 것, 결국 해내는 것.

"누군가는 불가능하다고 했지만, 나는 가능하다고 믿었다.
사람들이 불가능하다고 말할 때, 가장 멋진 대답은 '됐어, 그냥 해볼게'다."

5 마지막 한 걸음
– 나를 믿는 게 답이다

"어차피 마지막에 나한테 남는 건 나야."

사람들은 우리 인생에 스쳐 지나가지만, 끝까지 남아 있는 건 결국 우리 자신이다. 누가 뭐래도 나는 나를 믿어야 한다.

나의 선택이 결국 나의 인생을 만든다. 망설일 시간에 한 번 더 도전해 보자. 세상이 나를 몰라줘도 괜찮다. 내가 나를 알아주면 되니까. 결국, 나를 믿고 가는 게 답이다.

6 한 줄의 용기
– 그래서 어쩌라고?

"실패할까 봐." → "그래서 어쩌라고? 다시 시작하면 돼."
"남들이 뭐라 할까 봐." → "그래서 어쩌라고? 내 인생은 내가 사는 거야."
"내가 맞는 길을 가고 있는 걸까?" → "그래서 어쩌라고? 내가 선택한 길이 맞는 길이 되게 만들면 돼."

내가 내 길을 믿는다면, 그게 정답이다. 내가 나를 믿으면, 인생은 진짜 멋있어진다.

거울을 보고 '넌 잘하고 있어'라고 말해 보자. 남들 말보다 내 마음의 목소리에 귀 기울여 보자. 지금 당장, 내가 원하는 첫걸음을 내디뎌 보자.

"길을 잃었다고 생각하는 순간, 우리는 길을 발견하는 중이다."
"확신은 결과에서 오는 게 아니라, 믿음에서 시작된다."
"사람들이 불가능하다고 말할 때, 가장 멋진 대답은 '됐어, 그냥 해볼게'다."
"세상이 나를 몰라줘도 괜찮다. 내가 나를 알아주면 되니까."
"내가 내 길을 믿는다면, 그게 정답이다."

7 마무리
– 그리고, 나는 걸어간다

누군가는 말할 것이다.
"넌 너무 앞서 나가고 있어."
"그 길은 위험할지도 몰라."
"확실한 걸 선택하는 게 낫지 않을까?"

하지만, 나는 안다. 길이란 내가 걸어갈 때 만들어지는 것이라는 걸. 그리고 내가 믿어야 할 유일한 사람은 결국, 나 자신뿐이라는 걸.

나는 두려움 속에서도 한 걸음을 내디딘다. 나는 불확실성 속에서도 나아간다. 나는 흔들리는 순간에도 끝까지 걸어간다.

왜냐하면, 내가 가는 길은 결국 나를 위한 길이 될 테니까.

"나는 묻지 않는다. 정답을 찾지 않는다. 다만, 걸어간다."

내 속도대로, 내 방향대로.
남들과 다르더라도, 결국 나다운 길을 선택하며.
그리고, 내 안에 있는 '나'를 끝까지 믿으며.

에필로그
어차피 인생, 끝까지 가야지

"선생님, 인생은 대체 언제 쉬워지나요?"

이 질문, 진짜 많이 받는다. 그때마다 나는 잠깐 고민한다.
'이걸 현실적으로 답해야 하나, 감성적으로 답해야 하나?'
그리고 결국 이렇게 말한다.
"쉬워지는 순간? 글쎄, 아직 안 와 봤으니 모르겠는데요?"
그럼 상대는 정색을 하든, 피식 웃든, "와, 선생님 너무 솔직하신데요?"
라고 한다.
근데 이게 팩트다. 인생이 쉬워지는 순간은 없다.
그럼에도 불구하고, 우리는 계속 살아간다.
그 이유가 뭘까?

***

인생은 롤러코스터, 그리고 우리는 타고 있다.
살면서 "내 인생은 왜 이러냐" 싶을 때가 있다.
진짜 더럽고, 짜증 나고, 포기하고 싶고, 그냥 다 내려놓고 싶을 때.

하지만 우리 인생은 롤러코스터다.
어떻게든 올라가다 보면, 다시 아래로 떨어질 때도 있고, 무섭지만 또 어느 순간 다시 올라가게 돼 있다.

어떤 날은 하늘을 나는 기분이고, 어떤 날은 심장이 바닥까지 곤두박질 치고, 어떤 날은 다시 정상에 오를 수 있을까 두려워진다.

그런데 이상하게도, 우리는 그 롤러코스터에서 내리지 않는다.

왜냐하면, 그게 인생이니까.
다시 올라갈 순간이 반드시 오니까.

***

"그래서, 지금 포기한다고?"
솔직히, 나도 그랬다.
살면서 몇 번이나 "아, 그냥 다 포기하고 싶다." 싶은 순간이 있었다.

"이 길이 맞나?" 하는 고민.
"내가 이렇게 열심히 살아야 하나?" 싶은 순간.
"진짜 망한 거 아니야?" 싶을 때.

근데, 그럴 때일수록 이렇게 생각했다.

"여기서 멈추면, 내가 지금까지 버틴 게 너무 억울하잖아!"

그러니까, 이 책을 덮고 다시 일어나라.
운명? 신경 쓰지 마라.

성공? 따지지 말고 일단 한 발짝 더 내디뎌라.
인생은 아직 끝나지 않았다.
그러니, 우리도 끝까지 가야 하지 않겠는가?

***

그리고, 우리는 걸어간다.
지금까지 살아온 것도 대단한 거다. 그걸 잊지 마라.
앞으로도 계속 넘어질 거다. 하지만, 중요한 건 일어나는 횟수다.

"망했으면 어때? 다시 시작하면 되지."
"길이 맞는지 고민하지 말고, 일단 걸어 보라."
"어차피 인생, 끝까지 가는 사람이 이긴다."

그러니, 더 이상 망설이지 마라.
지금, 당신이 내딛는 그 한 걸음이, 당신의 운명을 바꾸는 첫걸음이 될 테니까.

그러니까, 지금 움직여라.
그리고 나중에 꼭 이렇게 말해라.

"그래서 어쩌라고? 나는 오늘도 끝까지 간다!"

너희가 이 세상에 온 날,
엄마는 두 개의 별을 품었다

내 사랑하는 아들과 딸아,

너희가 엄마 품에 처음 안겼던 그 순간, 세상은 완전히 다른 빛으로 물들었어. 그 작은 손가락, 조그맣게 움켜쥐던 손, 엄마를 바라보던 깊고 맑은 눈동자. 그 모든 것이 마치 하늘에서 내려온 별처럼 반짝였어. 그리고 엄마는 알았어. 너희가 내 삶에 찾아온 이유를.

엄마는 완벽한 사람이 아니야. 때로는 넘어지고, 때로는 흔들리고, 때로는 실수하며 살아왔어. 하지만 너희가 태어난 후, 엄마는 더 이상 나 하나만을 위해 살 수 없었어. 너희가 있기에 다시 일어설 용기를 냈고, 살아야 하는 이유를 찾았어.

그러니, 사랑하는 내 아이들아, 삶이 너희를 흔들 때 이 글을 다시 읽어 줘. 엄마가 지금 이 편지를 쓰는 이유는, 언젠가 너희가 세상에 부딪힐 날이 올 것을 알기 때문이야. 그때 이 글이 너희에게 작은 위로가 되기를, 조금이라도 힘이 되어 주기를 간절히 바라며.

"세상에 무너지지 말고, 너희가 너희의 세상을 만들어라."

살다 보면 모든 것이 뜻대로 되지는 않아.
원하는 학교, 원하는 직장, 원하는 사랑, 원하는 삶....
어쩌면 너희가 간절히 바란 것들이 너희 손에서 멀어질 수도 있어.
하지만 그럴 때마다 기억해 줘.
세상이 너희를 인정해 주지 않아도,
너희가 너희 자신을 인정하면 되는 거야.
"난 충분히 잘하고 있어. 나는 나를 사랑해."
이 말을 너희 스스로에게 자주 해 줘.

누군가가 너희를 함부로 대할 때,
세상이 너희에게 등을 돌릴 때,
주저앉고 싶을 만큼 힘들 때,
그럴 때일수록 너희가 너희를 더 사랑해야 해.
어떤 순간에도 너희를 포기하지 마.
엄마는 언제나 너희를 믿어.

엄마도 한때는 삶이 무너진 적이 있었어.
가족이 흔들리고, 사랑이 떠나가고, 가진 것을 모두 잃고,
어둠 속에서 길을 찾지 못하던 날들이 있었어.
그때 엄마를 다시 일으켜 세운 건, 너희였어.

너희가 있었기에 엄마는 다시 살아야 했어.
포기할 수 없었어.
그래서 책을 쓰기 시작했고, 상처를 글로 녹여 내며,
삶을 다시 세우는 법을 배웠어.

그러니 내 아이들아,
살면서 어떤 시련이 찾아오든,
그 아픔 속에서도 길을 찾아내는 사람이 되어 줘.
상처를 두려워하지 말고,
넘어졌다면 다시 일어나고,
때로는 울어도 괜찮아.
하지만 절대 멈추지는 마.

"너희 삶의 주인공은 오직 너희야."

엄마는 너희에게 늘 말하고 싶었어.
이 삶을 어떻게 살아야 하는지,
행복은 어디에서 오는지,
그리고 무엇이 진짜 중요한지를.

하지만 엄마가 줄 수 있는 답은 없어.
그 답은 오직 너희가 찾아야 해.
엄마는 너희 인생의 조연이지만,
너희는 너희 삶의 '주인공'이야.

그러니 누구의 기대에도 맞추려 하지 마.
세상이 원하는 모습이 되려 하지 마.
스스로를 사랑하고,
너희가 원하는 삶을 살아.

꿈이 있으면 끝까지 도전해 보고,

사랑하고 싶은 사람이 있으면 마음을 다해 사랑해 보고,
하고 싶은 일이 있다면 두려워하지 말고 해 봐.
실패해도 괜찮아.
실패는 끝이 아니라, 너희를 더 단단하게 만드는 과정이니까.

세상은 넓고, 삶은 길어.
그리고 너희가 생각하는 것보다
너희는 훨씬 더 멋지고 강한 사람이야.

"엄마는 언제나 너희의 편이야."

엄마는 항상 너희 곁에 있을 수 없겠지만,
이 세상을 떠난 후에도
엄마의 마음과 사랑은 늘 너희와 함께할 거야.

그러니 살면서 힘든 순간이 오면
이 편지를 다시 읽어 줘.
그리고 기억해.

"너희는 엄마의 가장 소중한 별이다."
"너희는 어떤 순간에도 빛나는 존재다."
"그리고 엄마는 언제나 너희를 사랑한다."

내 사랑하는 아이들아.
어디에 있든, 어떤 모습이든,
너희가 행복하기를.

너희가 너희 인생을 멋지게 살아가기를.

그게 엄마의 가장 큰 바람이야.

                                              사랑을 담아, 엄마가.